Einfach leben

Der Adventsbegleiter

Einfach leben

Der Adventsbegleiter

Herausgegeben von
Anselm Grün und Rudolf Walter

HERDER
FREIBURG · BASEL · WIEN

MIX
Papier aus verantwortungsvollen Quellen
FSC www.fsc.org FSC® C083411

Satz: post scriptum, Emmendingen / Hüfingen
Umschlaggestaltung und Innenvignetten: Sabine Hanel
Herstellung: CPI books GmbH, Leck

Printed in Germany

ISBN 978-3-451-00664-7

Inhalt

3. Woche: Vom Wünschen, Maßhalten und Freiwerden

4. Woche: Von der Nacht und vom Licht

Heiliger Abend

Das Fest der Weihnacht

Weihnachten entgegengehen

Es ist ein Bedürfnis vieler Menschen, die Adventszeit bewusst als Vorbereitung auf Weihnachten zu erleben. Das bezieht sich weniger auf die äußeren Vorbereitungen, obwohl es jetzt auch darum geht, Weihnachtsgeschenke zu besorgen oder sich um den Schmuck der Wohnung oder des Christbaums zu kümmern. Viele spüren in sich eine tiefere Sehnsucht, sie haben das Gefühl, dass Weihnachten auch eine innere Bereitung braucht. Sie erinnern sich vielleicht an Adventsrituale, die ihre Eltern mit ihnen durchlebt haben, an die Rorateämter, zu denen sie ganz früh aufgestanden sind, um im Schein der Kerzen in der kalten Kirche Eucharistie zu feiern und die alten und vertrauten Lieder zu singen. Sie erinnern sich, dass die Adventszeit eine besondere Zeit war, eine Zeit der Einkehr und der Stille.

Sie, lieber Leser, liebe Leserin, möchten die Adventszeit bewusster leben. Sie möchten dem Geheimnis dieser heiligen Zeit auf die Spur kommen. Aber vielleicht geht es Ihnen ähnlich wie denen, die mir von ihrem Wunsch nach einer intensiven Zeit erzählen, aber zugleich auch von ihrer Ratlosigkeit. Es gibt keine festen Formen mehr, die zeigen, wie sie die Adventszeit besser gestalten können. Gerade deshalb möchte ich Ihnen diesen Wegbegleiter durch die Adventszeit anbieten. Er soll eine Hilfe sein, wie Sie die Adventszeit als bewussten Weg auf Weihnachten hin erleben können. Viele gehen in die Adventszeit mit guten Vorsätzen. Aber wenn dann Weihnachten kommt, haben sie das Gefühl, dass die Zeit an ihnen vorbeigegangen ist, dass sie den Advent doch nicht so erlebt haben, wie es ihrem Wunsch entsprach. Der Adventsbegleiter möchte Ihnen helfen, diese Zeit als heilige und heilsame Zeit zu erleben. Wenn Sie jeden Tag bewusst die Texte lesen, die wir ausgesucht haben, dann wird die Zeit des Advents schon intensiver. Sie denken dann zumindest jeden Tag etwas nach über das Geheimnis dieser Zeit. Und diese heilige Zeit verwandelt auch die übrige Zeit des Tages, in der Sie sich vielleicht von der äußeren Hektik anstecken lassen. Aber Sie haben das Gefühl: Zumindest die heilige Zeit des Lesens gehört mir. Und sie bricht eine Bresche in die Hektik, die mich von außen manchmal umfassen möchte.

Sie können diesen Begleiter jedes Jahr von neuem in die Hand nehmen. Dann werden Sie jedes Jahr andere Texte berühren. Wir feiern jedes Jahr das gleiche Geheimnis des Kommens Gottes in unsere Welt. Und doch sind wir jedes Jahr anders. Und so werden wir das Kommen Gottes zu uns auch jeweils anders erleben. Es geht nicht darum, sich unter Druck zu setzen, in der Adventszeit immer die gleichen schönen Gefühle erzeugen zu müssen, die uns in der Kindheit beglückt haben. Es geht nicht um das Schwelgen in Vergangenheit, sondern um die Verwandlung der Gegenwart. Indem ich mich mit den Gedanken und Gefühlen, mit den Gefährdungen und Herausforderungen, mit denen ich jetzt gerade konfrontiert bin, dem Kommen Gottes aussetze, wird etwas in mir geschehen. Vielleicht spüren Sie das Kommen Gottes nicht. Aber Sie haben die Texte, die eine bestimmte Spur weisen. Und indem Sie diese Texte lesen, ahnen Sie etwas von dem, was der Advent meint: dass Gott nicht nur vor zweitausend Jahren Mensch geworden ist, sondern dass er heute in Ihnen Mensch werden will, dass er jetzt zu Ihnen kommen möchte, damit Sie bei sich selbst ankommen.

Viele beklagen sich, dass die stille Zeit des Advents zu einer lauten und hektischen Zeit geworden ist. Aber es hilft nicht viel, etwa in das Jammern über die musikalische Dauerberieselung mit verkitschten Weihnachtsliedern einzustimmen. Jeder hat es selbst in der Hand, wie er die Adventszeit gestalten möchte. Der Adventsbegleiter, den Sie, lieber Leser, liebe Leserin, jetzt in Händen halten, möchte Ihnen helfen, den Advent als eine gesegnete Zeit und als eine stille Zeit zu erleben. Für jeden Tag des Advents bietet das Buch Texte an, die ich in Büchern oder in meinen Briefen »einfach leben« geschrieben habe. Gedichte wollen uns das Geheimnis von Advent und Weihnachten auf ihre je eigene Weise aufleuchten lassen. Und Gedanken von Autoren, mit denen ich mich verbunden fühle, ergänzen meine Gedanken zum Advent.

Jede der vier Adventswochen ist unter ein eigenes Thema gestellt, das dann für jeden Tag der Woche entfaltet wird. Es sind die Themen, um die es in der Adventszeit geht: bei sich selbst ankommen, mit der eigenen Sehnsucht in Berührung kommen, warten lernen, aufwachen aus der Routine, die uns oft gefangen hält. Und es geht immer wieder um die Stille. Die Adventszeit lädt uns ein, still zu werden, die lärmenden Gedanken zum Schweigen zu bringen und den Ort der Stille in sich zu entdecken, der schon in uns ist, der aber oft genug zugeschüttet ist vom Schutt negativer Gefühle. Und es geht in der Adventszeit darum, frei zu werden von unserer Gier, immer mehr haben zu müssen. Ziel ist es gerade in dieser vorweihnachtlichen Zeit, unser eigenes Maß zu finden. Und es geht darum, sich der eigenen Dunkelheit zu stellen, um so das Licht von Weihnachten umso tiefer zu erfahren.

Der Adventsbegleiter möchte uns auf dem Weg begleiten. Advent ist ein Weg, den wir gehen. Wir gehen auf Weihnachten zu. Wir gehen auf das Licht zu, wir gehen auf Erfüllung zu. Aber auf diesem Weg brauchen wir Orientierung. Es sind keine Ratschläge, die uns das Buch gibt, sondern Weisungen, die uns helfen wollen auf unserem Weg auf Weihnachten zu. Das deutsche Wort »weisen« bedeutet ursprünglich: »wissend machen«. Wissen kommt vom lateinischen »videre = sehen« und vom griechischen »idein = sehen, erkennen, so sehen, dass es auf mich einen Eindruck macht«. Die Texte in diesem Buch wollen uns also wissend machen. Sie möchten uns in Berührung bringen mit der Weisheit unserer Seele. Sie möchten einen Eindruck in unserer Seele hinterlassen, so dass die Seele sich selbst spürt, dass sie lebendig wird und aufblüht. Unsere Seele weiß um das Geheimnis von Advent und Weihnachten. Advent und Weihnachten sprechen die Bilder an, die in unserer Seele bereitliegen. Aber oft sind diese Bilder durch die vielen Worte und Gedanken und Bilder, die von außen auf uns einströmen, verdunkelt. Die Worte in diesem Buch wollen uns helfen, diese inneren Bilder wieder zu erkennen, sie zu schauen, sie zu betrachten, so dass sie uns in Berührung bringen mit den heilenden Bildern, die Gott in unsere Seele gelegt hat, und mit dem ursprünglichen Bild, das Gott sich von jedem von uns gemacht hat. Das Sehen ist für die Griechen nie nur ein äußeres Sehen. Vielmehr geht es im Sehen und Schauen darum, das Geheimnis unserer Lebens und unseres Menschseins zu erkennen. Und es geht darum, durch das Sehen in Berührung zu kommen mit dem, was unser Menschsein im Wesen ausmacht.

Angelus Silesius mahnt uns, in der Adventszeit mit unserem Wesen in Berührung zu kommen:

> »Mensch, werde wesentlich! Denn wenn die Welt vergeht,
> So fällt der Zufall weg, das Wesen, das besteht.«

Angelus Silesius bezieht sich hier auf den deutschen Mystiker Meister Eckehart. Meister Eckehart hat diesen Begriff in die deutsche Sprache eingeführt. Wesen ist für ihn das, was bleibt, das, was unabtrennbar zum Menschen gehört. Das Wesen macht uns zu dem, der wir sind. In der Adventszeit geht es um das Wesentliche: um das, was wirklich bleibt in unserem Leben. Der adventliche oder weihnachtliche Schmuck wird wieder abgeräumt, er bleibt nicht. Die Geschenke bleiben nicht. Aber Weihnachten will uns zu unserem Wesen führen, zu dem, was uns wirklich ausmacht. Und das, was uns ausmacht, ist letztlich, dass Gott Mensch geworden ist, dass wir unser Menschsein nicht mehr ohne Gott verstehen können. Gott selbst ist in Jesus Christus Mensch geworden, damit wir göttlich werden, damit göttliches Leben uns durchdringt. Dieses göttliche Leben, das in uns ist, macht unser wahres Wesen aus. Und dieses Wesen kann auch durch den Tod nicht mehr vernichtet werden.

Im Deutschen sprechen wir auch vom Wesentlichen. Das Wesentliche ist das, was für uns wirklich wichtig ist. In der Adventszeit und an Weihnachten soll es um das Wesentliche gehen, um das, was uns in unserem Herzen wirklich bewegt. Wenn wir uns fragen, was für uns wesentlich ist, dann werden wir erkennen, wie leicht wir Abschied nehmen können von oberflächlichen Gewohnheiten, etwa von dem Druck, auf so und so viele adventliche Veranstaltungen gehen zu müssen. Es geht um das, was uns wirklich wichtig ist. Der hl. Augustinus sieht als etwas Wesentliches im Menschen seine Sehnsucht. Die Sehnsucht ist für Augustinus gleichsam ein Grundexistenzial. Der Mensch ist wesentlich einer, der sich sehnt. Und letztlich sehnt er sich immer nach Gott.

In der Adventszeit kommen wir mit unserer Sehnsucht in Berührung. Jede Zeit des Kirchenjahres ist eine heilsame Zeit. C. G. Jung nennt das Kirchenjahr ein therapeutisches System. In der Adventszeit geht es darum, unsere Sucht, die ja immer verdrängte Sehnsucht ist, wieder in Sehnsucht zu verwandeln. Augustinus hat verstanden, dass in jedem leidenschaftlichen Wunsch letztlich die Sehnsucht nach Gott steckt. Vordergründig sehnen wir uns nach Erfolg, nach Anerkennung, nach Reichtum, nach Liebe, nach Glück. Doch wir spüren zugleich, dass kein noch so großer Reichtum, kein noch so großer Erfolg unsere Sehnsucht zu erfüllen vermag. Augustinus definiert den Menschen als einen, der glücklich sein will. Die Sehnsucht nach Glück ist also durchaus berechtigt. Aber die Frage ist, wie wir diesen Weg zum wahren Glück finden. Die Adventszeit und Weihnachten zeigen uns, dass

Gott selbst den Weg zu uns gegangen ist. Er ist dorthin gegangen, wo wir sind. Und er erfüllt uns mit seinem Leben und mit seiner Liebe. Das ist der Weg zum wahren Glück. Es gibt keine Patentrezepte, wie wir glücklich werden können. Gott selbst hat uns – wie der Evangelist Lukas sagt – besucht: in der Geburt Jesu. In Jesus leuchtet Gottes Barmherzigkeit, Liebe und heilende Kraft auf. Die Freude darüber beschreibt das Glück, das die Menschen in der Nähe Jesu empfinden.

Viele Texte in diesem Buch sind den Briefen »einfach leben« entnommen, die ich jeden Monat von Neuem schreibe. Und so wollen uns diese Texte einüben in das einfache Leben. Gerade in der Adventszeit sollten wir uns in die Einfachheit einüben. Die Einfachheit kann Verschiedenes bedeutet. Da ist einmal die Einfachheit als Verzicht auf alles Überflüssige. Die Adventszeit ist sicher eine gute Gelegenheit, auf manches Überflüssige zu verzichten. Einfachheit wäre auch gefragt in den Weihnachtsgeschenken, die wir aussuchen. Manche setzen sich da unter Druck, was sie alles schenken sollten. Einfache Geschenke wie einen ausführlichen Brief, ein Angebot, gemeinsam Zeit verbringen, oder ein symbolisches Geschenk, das das Herz des andern anspricht, sind wesentlich kreativer, als im Kaufhaus Ware von der Stange zu kaufen und sich dabei den Kopf darüber zu zerbrechen, ob die Beschenkten sich über das Geschenk freuen oder ob sie es eher als Last empfinden.

Einfachheit bedeutet für mich aber noch etwas anderes: In der Antike war Einfachheit eine wichtige Tugend, vor allem bei den stoischen Philosophen. Sie sprechen von »haplous = einfach, einfältig sein«. Einfältig verwenden wir heute eher als Schimpfwort. Aber damals bedeutete es, dass der Mensch klar ist, ohne Nebenabsichten, in sich stimmig. Für den Philosophen auf dem Kaiserthron, Mark Aurel, bedeutet Einfachheit: sich nicht von Leidenschaften bestimmen lassen, frei von Illusionen sein und mit sich selbst eins sein. Jesus selbst spricht vom »einfachen« Auge: »Dein Auge gibt dem Körper Licht. Wenn dein Auge gesund (haplous = einfach, klar) ist, dann wird auch dein ganzer Körper hell sein.« (Lk 11,34)

Das einfache Auge sieht die Dinge, wie sie sind. Es projiziert nicht die eigenen Bedürfnisse oder Emotionen in die Dinge und in die Menschen hinein. Das einfache Auge lässt die Menschen so sein, wie sie sind. Es bewertet sie nicht. Das ist die Voraussetzung, das Gute und Schöne in jedem Menschen zu sehen. Weihnachten lädt uns ein, in jedem Menschen die Güte und Menschenfreundlichkeit und die Schönheit Gottes zu erkennen. Das solchermaßen verwandelte Sehen verwandelt auch unsere Beziehungen. Und nach Verwandlung in unseren Beziehungen sehnen wir uns alle, gerade dann, wenn die Familie zerstritten ist oder wenn man aneinander vorbeilebt.

Einfachheit an Weihnachten heißt aber noch etwas anderes. Die frühen Christen sind stolz auf ihre Einfachheit. Sie meinen damit nicht nur den einfachen Lebensstil, der im Einklang mit der Natur ist. Für Clemens von Alexandrien beschreibt die Einfachheit den unverbrauchten, jung gebliebenen Menschen, der offen ist für das Leben, offen für das Neue. Die Erinnerung an die Geburt Jesu in einem einfachen Stall will uns zu diesem einfachen Leben führen, in dem wir einfach sind, wer wir sind, ohne uns nach außen hin als etwas Besonderes zu gebärden. Wir müssen nichts vorweisen. Es genügt, einfach der zu sein, der wir von Gott her sind.

Und der dritte Aspekt von »einfach« heißt für mich: einfach leben, einfach da sein. Wenn wir auf das Kind in der Krippe schauen, so sehen wir: Es ist einfach da. Es lächelt. Es will nichts von uns. Es *ist* einfach Liebe. Das ist für mich eine Kunst: einfach da zu sein. Ich erlebe so viele Menschen, die ständig ihr Dasein kommentieren müssen. Wenn sie in der Kirche sitzen und meditieren, müssen sie das vor sich selbst begründen: dass sie jetzt etwas Gutes für sich tun oder ihre Spiritualität praktizieren. Wenn sie ein Buch lesen, setzen sie sich unter Druck, sie müssten jetzt neue Erkenntnisse finden. Wenn sie mit jemandem sprechen, muss etwas herauskommen. Wenn sie spazieren gehen, dann müssen sie das begründen, dass sie das für ihre Gesundheit brauchen. Einfach da sein, ohne sich vor jemandem rechtfertigen oder verteidigen oder etwas vorweisen zu müssen, das können wir von dem Kind in der Krippe lernen. Das ist dann der Gipfel der Spiritualität. Denn Gott – so sagt Platon – ist das reine Sein. Wenn ich reines Sein bin, einfach da bin, dann habe ich teil an Gott, dann bin ich in Gott. Dann geschieht das, was Jesus durch seine Menschwerdung uns schenken wollte: Jesus ist Mensch geworden, um uns zu vergöttlichen. Göttliches Leben ist reines Dasein, einfach sein.

Einfachheit hat auch mit dem Wesen zu tun. Der einfache Mensch ist lauter, ohne Arglist und ohne Nebenabsichten. Er lebt in Übereinstimmung mit seinem innersten Wesen und mit Gott. Jesus spricht davon, dass wir wie die Kinder werden sollen: »Denn Menschen wie ihnen gehört das Reich Gottes. Amen, das sage ich euch: Wer das Reich Gottes nicht so annimmt, wie ein Kind, der wird nicht hineinkommen.« (Lk 18,16f) Jesus ist an Weihnachten selbst Kind geworden, um uns zu zeigen, dass auch wir mit dem Kind in uns in Berührung kommen sollen. Das Kind ist offen für das Geheimnis Gottes. Es vermag noch zu staunen. Es ist ohne Nebenabsichten. Es benutzt Gott nicht für sich selbst. Heute wollen viele Advent und Weihnachten für sich benutzen. Es soll ihnen etwas bringen. Es soll sie in Berührung bringen mit schönen Gefühlen. Doch je mehr diese Menschen die Adventszeit für ihr eigenes Wohlfühlen benutzen, desto weniger finden sie zu sich selbst und desto weniger geht ihnen das Geheimnis von Weihnachten auf. Nur wenn wir einfach werden wie die Kinder, wenn wir uns vom Kind in der Krippe an das Kind in uns erinnern lassen, werden wir offen, uns an Weihnachten beschenken zu lassen, uns von göttlichem Leben und von göttlicher Liebe durchdringen zu lassen.

Das Buch bietet für jeden Tag der Adventszeit, für den Heiligabend und das Weihnachtsfest Texte an. Es bietet sich an, jeden Tag der Adventszeit damit zu beginnen, diese Texte zu lesen. Dabei können Sie, lieber Leser, liebe Leserin, auf zwei verschiedene Weisen damit umgehen. Die erste Weise ist: einfach nur den Text zu lesen. Lassen Sie sich Zeit dafür. Im Lesen tauchen Sie schon ein in eine andere Welt. Sie kommen beim Lesen in Berührung mit Ihrer eigenen inneren Welt. Sie entdecken lesend, was in Ihnen selbst an Sehnsucht, an Erfahrung, an inneren Bildern ist. Das Lesen selbst ist dann schon ein heilsames Geschehen. Sie brauchen sich gar keine Vorsätze für den Tag zu machen. Es genügt, wenn Sie im Lesen eintauchen in die Wirklichkeit von Advent und Weihnachten. Ein solches Lesen verwandelt Sie schon. Und Sie spüren, worum es in der Adventszeit und an Weihnachten geht: um Ihre eigene Menschwerdung, um das Licht mitten in Ihrer Dunkelheit, um die Liebe mitten in der Kälte, die Sie von außen umgibt. Das Lesen vermag Sie zu wärmen und zu erhellen.

Die zweite Weise, mit den Texten umzugehen, wäre, die Anregungen für den Tag in eine Übung umzusetzen. Manche Texte beschreiben Rituale, die Sie an diesem Tag machen könnten. Sie sollen sich aber durch die Anregungen für ein Ritual nicht unter Druck setzen lassen. Lesen Sie die Rituale einfach durch und trauen Sie Ihrem Gefühl. Wenn Sie Lust haben, dieses Ritual zu üben, dann tun Sie es. Dann wird es Ihnen guttun und Sie in Berührung bringen mit dem, was der Advent meint: dass Gott in Ihrem Herzen ankommt und dass Sie dadurch zu sich selber kommen, mit Ihrem Wesen in Berührung kommen. Wenn Sie Widerstand gegen ein Ritual spüren, dann bleiben Sie einfach beim Lesen. Das allein verwandelt schon Ihre Sichtweise auf den heutigen Tag. Zumindest die fünf Minuten, die Sie mit dem langsamen Lesen verbringen, sind dann täglich eine heilige Zeit für Sie. Und diese heilige Zeit wird Sie mit dem heiligen Raum auf dem Grund Ihrer Seele in Berührung bringen. Das ist heilsam für Sie. Wenn Sie täglich die heilige Zeit des Lesens für sich reservieren, dann wird auch die übrige Zeit davon berührt. Sie haben dann das Gefühl: Die übrige Zeit wird mich nicht auffressen. Die heilige Zeit bewahrt Sie davor, von den äußeren Erwartungen und Anforderungen gelebt zu werden. Sie werden selbst leben, anstatt gelebt zu werden.

So wünsche ich Ihnen, lieber Leser, liebe Leserin, dass der Adventsbegleiter Sie gut durch die Tage des Advents führt, dass es gesegnete und heilsame Tage für Sie werden, dass Sie mit Ihrer tiefsten Sehnsucht in Berührung kommen und dass Ihnen das Geheimnis von Weihnachten aufgeht. Man kann das Geheimnis von Weihnachten nicht in einem Wort zusammenfassen. Man kann es immer nur wieder von verschiedenen Seiten zu erhellen suchen. Ich möchte meinen Wunsch für Sie so zusammenfassen: Ich wünsche Ihnen eine gesegnete Adventszeit, in der Sie still werden und in der Stille Gottes heilende Nähe erfahren. Ich wünsche Ihnen ein frohes Weihnachtsfest, das Sie mit Freude erfüllt, weil Sie das Licht Gottes in Ihrer Dunkelheit erfahren, weil die Geburt Jesu Sie an das göttliche Kind auf dem Grund Ihrer Seele erinnert und weil Sie spüren, dass von diesem hilflosen Kind in einer armen Krippe eine Liebe ausgeht, die stärker ist als aller Hass dieser Welt, und dass diese Liebe uns befähigt, in Frieden zu kommen mit uns selbst und mit den Menschen, mit denen wir leben.

Anselm Grün

1. Woche

Vom Warten, Hoffen und Sehnen

In mir ist der Himmel,
nach dem ich mich sehne.

Segen für die Adventszeit

Barmherziger Gott, wir beginnen jetzt die Adventszeit. Wir warten auf das Kommen Deines Sohnes Jesus Christus. Er möge in unseren Herzen ankommen. Seine Ankunft möge unser Leben verwandeln. Segne diese Zeit, dass wir in dieser Zeit wachend auf das Kommen Jesu warten. Segne sie, dass wir bereit sind, sein Klopfen an der Tür unseres Herzens zu hören und dass wir ihn eintreten lassen in unsere Seele. Segne diese Zeit, dass wir auch bei uns selbst ankommen und Dir so eine Wohnung bereiten, damit Du auch bei uns und in unserem Herzen ankommen kannst. Verwandle Du in dieser Zeit unsere vielen Süchte in Sehnsucht. Bring uns durch den adventlichen Schmuck, durch die Adventslieder und durch die Stille in Berührung mit unserer tiefsten Sehnsucht, die allein Du zu stillen vermagst. Gib uns den Mut, bei all dem äußeren Lärm des Weihnachtsgeschäftes in die Stille zu gehen, um Dich in der Stille zu vernehmen und uns von Dir in der Stille ansprechen zu lassen. Lass die Zeit des Advent eine gesegnete Zeit für uns werden, eine heilende und Geborgenheit schenkende Zeit, in der wir spüren, dass wir allein bei Dir wirklich Heimat erfahren dürfen. Amen.

Was heißt das für mich?

In jedem Jahr frage ich mich von Neuem: Was bedeutet für mich die Adventszeit und was heißt für mich Weihnachten? Wie kann ich das verstehen, was wir jetzt im Advent erwarten und was wir an Weihnachten feiern? Setzen Sie sich in aller Stille hin. Und fragen Sie sich: Was erhoffe ich mir von der diesjährigen Adventszeit und was erhoffe ich mir von Weihnachten? Ich kann diese Hoffnung nur erkennen, wenn ich mich meiner eigenen Wahrheit stelle. Was bewegt mich momentan? Worunter leide ich? Wo bin ich nicht zufrieden? Was stockt in mir? Wo lebe ich an mir vorbei? Was ist meine tiefste Sehnsucht?

Was ist die Botschaft dieser Zeit für mich, in meiner persönlichen Situation, mit meinen Glaubensschwierigkeiten, mit meinem inneren Widerstand? Ich muss für mich eine Antwort finden, damit diese Zeit eine gesegnete Zeit für mich wird.

Was ist dort auf dem Grund meiner Seele? Ahne ich da, dass Gott selbst in mir wohnt und mich in Berührung bringt mit dem göttlichen Kind in mir, mit dem einmaligen und ursprünglichen und unverfälschten Bild Gottes in mir?

1. Tag
Warten wieder lernen

... bis Weihnachten kommt

In den Wochen vor Weihnachten wanderte ich einmal durch eins unserer Häuser in Bethel. Da fand ich ein kleines krankes Mädchen, das mit vergnügtem Gesicht aufrecht in seinem Bette saß. Als ich zu ihm kam, rief es mir schon von weitem zu: »Onkel Pastor, ich weiß ein Geheimnis!« »So«, sagte ich, »was ist denn das für ein Geheimnis?« »Ja«, sagte es, »du musst mir erst 5 Pfennig schenken, dann sage ich es dir.« Dabei guckte es mich schelmisch und zuversichtlich an, dass ich nicht anders konnte, als seine Bitte erfüllen.

Ich legte also ein Fünfpfennigstück vor ihm auf die Bettdecke: »Nun lass mich dein Geheimnis wissen.« Da faltete die Kleine andächtig ihre Hände und sagte nur diese Worte: »Advent – Advent – Advent – Advent – Weihnachten!« Zuerst musste ich lachen und denken: Kind, dafür hätte ich nicht 5 Pfennig zu bezahlen brauchen. Das weiß ich selber. Aber dann blieb der Klang der Kinderstimme in meinem Ohr und Herz hängen: »Advent – Advent – Advent – Advent – Weihnachten!« Es war, wie wenn eine große Glocke läutet, und ihre vier letzten Schläge klingen feierlich durch die schweigende Stille; und dann fällt plötzlich die Orgel ein mit einem fröhlichen Jubel. Es war, wie wenn jemand im Dunkeln langsam eine Treppe hinaufsteigt, eine Stufe nach der andern; und plötzlich, wie er oben ist, springt vor ihm eine Tür auf, und alles wird hell. Das kleine Mädchen ahnte, was das Geheimnis der Adventszeit ist: Warten und Wandern, Wandern und Warten, bis Weihnachten kommt.

Friedrich v. Bodelschwingh

Samen, der schlummert

Wir sind mehr als das,
was wir uns selbst geben können.
Warten zeigt uns,
dass das Eigentliche
uns geschenkt werden muß.

Streck dein Herz im Warten aus

Wer nicht warten kann, dem geht etwas Wichtiges verloren: Wer jedes Bedürfnis sofort befriedigen muss, wird völlig abhängig von jedem Bedürfnis. Warten macht innerlich frei. Wenn wir warten können, bis unser Bedürfnis erfüllt wird, dann halten wir auch die Spannung aus, die das Warten in uns erzeugt. Das macht unser Herz weit. Und es schenkt uns überdies das Gefühl, dass unser Leben nicht banal ist. Wir sehen dies, wenn wir auf etwas Geheimnisvolles warten, dann erkennen wir: Wir sind mehr als das, was wir uns selbst geben können. Warten zeigt uns, dass das Eigentliche uns geschenkt werden muss. Ein lieber Mensch, der erwartet wird, auf den freut man sich. Lass dich in dieser Adventszeit einladen, im Warten dein Herz zu weiten und dich als Erwarteten aufzurichten. Du bist wertvoll. Viele warten auf dich. Gott wartet auf dich, damit du wahrhaft lebst.

*

Wer warten kann, hat viel getan. Wir kommen mit noch so viel Anstrengung und Hektik nicht ans Ziel – aber wenn wir warten, kommt das Ziel vielleicht zu uns.

Karlheinz A. Geißler

Zeit des Wartens

Das Ziel des Wartens ist ein Fest, das Fest unserer Menschwerdung, der Selbstwerdung, unseres Einswerdens mit Gott. Aber nicht nur wir warten, Gott wartet auch auf uns. Er wartet, bis wir uns für das Leben und für die Liebe öffnen. Das deutsche Wort »warten« meint eigentlich, auf der »Warte« wohnen. »Warte« ist der Ort der Ausschau, der Wachtturm. Warten meint also: Ausschau halten, ob jemand kommt, umherschauen, was alles auf uns zukommt. Warten kann aber auch heißen: auf etwas achthaben, etwas pflegen, so wie der »Wärter« auf einen Menschen aufpasst und auf ihn achtgibt. Warten bewirkt beides in uns: die Weite des Blickes und die Achtsamkeit auf den Augenblick, auf das, was wir gerade erleben, auf die Menschen, mit denen wir gerade sprechen. Warten macht das Herz weit. Wir spüren, dass wir uns selbst nicht genug sind. Im Warten strecken wir uns aus nach dem, der unser Herz berührt, der es höher schlagen lässt, der unsere Sehnsucht erfüllt.

*

»Der einzige Sieg, an dem ich nicht zweifeln kann, ist der, der in der Keimkraft der Samen schlummert.«

Antoine de Saint-Exupéry

Das Warten erleben und gestalten

Die äußeren Umstände sind heute nicht förderlich, um die Adventszeit als stille Zeit des Wartens zu erleben. Aber auch wenn man das akzeptieren muss – es gibt Wege, die helfen, diese Zeit sinnvoll zu gestalten. Nimm dir zum Beispiel in diesen vier Wochen vor, den Morgen mit einer stillen Zeit zu beginnen. Du kannst dir die Zeit nehmen, fünf Minuten vor einer brennenden Kerze zu sitzen und die Texte der Liturgie zu lesen und zu meditieren. Oder aber du bleibst einfach still vor der Kerze sitzen und horchst auf die Sehnsucht, die in dir hochkommt. Eine andere Möglichkeit: Suche dir in der Adventszeit die Gottesdienste oder Adventskonzerte heraus, die dich in die Stille führen und dein Herz für Gott öffnen. Mache dir einen persönlichen Adventskalender mit den Terminen, die du für dich selbst wahrnehmen willst.

Wenn wir die Adventszeit gestalten, wird sie eine gesegnete Zeit werden.

2. Tag
Sehnsucht und Hoffnung

Weihnachtslied

O Jesu, was bist du lang ausgewesen,
o Jesu Christ!
Die sich den Pfennig im Schnee auflesen,
sie wissen nicht mehr, wo du bist.

Sie schreien, was hast du sie ganz vergessen,
sie schreien nach dir, o Jesu Christ!
Ach kann denn dein Blut, ach kann es ermessen,
was alles salzig und bitter ist?

Die Trän' der Welt, den Herbst von Müttern,
spürst du das noch, o Jesukind?
Und wie sie alle im Hungerhemd zittern
und krippennackt und elend sind!

O Jesu, was bist du lang ausgeblieben
und ließest die Kindlein irgendstraßfern.
Die hätten die Hände gern warm gerieben
im Winter an deinem Stern.

Peter Huchel, Weihnachtslied

Reiß Schloß und Riegel ab

»Macht hoch die Tür, die Tor macht weit.« »Reiß ab vom Himmel Tor und Tür, reiß ab, wo Schloß und Riegel für.« In diesen Adventsliedern steckt die Sehnsucht nach dem Ende aller Beengtheit. »O komm, o komm, du Morgenstern«: Auch in diesem Lied sind Freude und Hoffnung, schon und noch nicht, gemischt: »Vertreib das Dunkel unserer Nacht durch deines klaren Lichtes Pracht.« In solcher Sehnsucht steckt eine Kraft, eine Vision. Sie öffnet ein Fenster zum Himmel, ist letztlich schon Vorschein des Ewigen, noch nie Dagewesenen, Ausdruck des ganz anderen. Wer mit seiner Sehnsucht in Berührung kommt, der wird sich frei fühlen, auch wenn alles um ihn herum eng ist. Die alten Lieder des Advent können unsere tiefste Sehnsucht nach wahrem Leben, nach Heimat und Geborgenheit anstacheln, wenn man ihre Worte in sein Herz einsinken lässt. Diese Sehnsucht kann uns an Weihnachten schließlich an eine Quelle des Lebens führen, die in uns selber sprudelt und alle Einengungen sprengt.

»Tauet, Himmel, den Gerechten!«

Für die Menschen in Palästina war der Tau ein wichtiges Symbol. Nachts fällt der Tau unmerklich und unsichtbar auf den trockenen Ackerboden. Die Wüste selbst ist morgens mit Tau bedeckt. In der frühen Morgensonne glitzert der Tau. Tautropfen sehen aus wie kostbare Perlen, in denen sich das milde Morgenlicht spiegelt. Bei den Griechen ist der Tau Symbol der Liebe, bei den Persern das der Jungfrau. Der Tau der Liebe befruchtet das verdorrte und vertrocknete Herz. Es beginnt wieder lebendig zu werden. Tau steht für das Zarte, Unberührte, Unversehrte, Makellose. So wie Christus aus der Jungfrau geboren wird, so steht der Tau bei den Persern für die erneuernde und erlösende Kraft Gottes. Gott stellt im Tau das Ursprüngliche dieser Welt wieder her. Wenn die Hitze des Tages das Leben ausgedorrt hat, so fällt in der Nacht der alles erneuernde Tau Gottes auf uns und macht uns frisch. Er lässt neues Leben in uns entstehen. Für die Israeliten war der Tau ein Bild dafür, dass Gott selbst für die Menschen sorgt und das Verdorrte in uns mit dem zarten Tau seiner Liebe befruchtet, dass er neues Leben in uns hervorlockt. Unser Leben wird sich erneuern. Unsere Seele wird wieder froh werden. Die Vorfreude klingt in der Bildwelt dieses Adventsliedes durch.

Hoffnung auf den Trost der Welt

Hoffnung ist nicht einfach Optimismus. Hoffen heißt: vertrauen, dass Gott alles zu verwandeln vermag. Es wird unsere Seele mit Freude erfüllen – wenn wir nur der Hoffnung in uns Raum geben.

Als Georg Friedrich Händel krank und trostlos im Bett lag, stand er eines Tages auf und las in dem Manuskript, das ihm jemand zugesandt hatte. Es begann mit den Worten: »Tröste dich!« Er verschlang die Worte, die alle aus der Bibel entnommen waren, und vertonte sie wie in einem Rausch in drei Wochen. Die Vertonung des »Messias« wurde seine eigene Auferstehung. Und als er sein Oratorium aufführte, waren die Menschen tief berührt von der Kraft dieser tröstenden Musik. Die ersten Worte des »Messias« sind der Anfang der Verheißung, mit denen das zweite Buch des Jesaja beginnt: »Tröste dich, mein Volk, spricht dein Gott. Redet trostreich mit Jerusalem und ruft ihr zu, dass ihr Kriegsdienst zu Ende, dass ihre Missetat vergeben ist« (Jesaja 40,1–2).

Immer wieder singen die Lieder der Adventszeit vom Trost: »Wo bleibst du, Trost der ganzen Welt«, heißt es in einem Lied von Friedrich Spee. Trost kommt von Treue und meint: Festigkeit. Wir erleben oft genug, wie uns der Boden unter den Füßen wegrutscht. Da sehnen wir uns nach einem, der zu uns steht und uns wieder Festigkeit verleiht. Wenn jemand zu uns steht, vermögen auch wir, zu uns selbst zu stehen.

Advent bedeutet: Wir bekommen wieder Boden unter den Füßen. Wir vermögen wieder aufrecht zu stehen.

Acker in Anatot

Als alles verloren war,
kaufte der Prophet Jeremia
im Auftrag Gottes
einen Acker in Anatot.
Der hieß: *Der Friede wird siegen*
Und lag im Aussichtslosen.
Im Auftrag Gottes kaufte er ihn.
Denn: *Gott will Hoffnung geben …*

Im Aussichtslosen.
Gehen wir nach Hause
Und pflanzen wir jeder
Einen Baum der Hoffnung
In unsere Welt.

Silja Walter, zu Jeremia 32,1–14

3. Tag
In Sehnsucht verwandelt

Dem Drang widerstehen

In der Adventszeit werden wir mit Angeboten der Werbung überflutet, deren Botschaft ist: Warte nicht, kaufe jetzt. Durch Konsum sollen unsere Wünsche erfüllt werden. Aber die Adventszeit ist die Zeit, dem zu widerstehen, was zur Sucht zu werden droht. Sucht will nicht warten. Da will jemand seine Sehnsucht unmittelbar und sofort stillen. Sucht kann nicht einfach nur durch den Willen geheilt werden, sondern nur indem sie wieder in Sehnsucht verwandelt wird. Denn auf dem Grund jeder Sucht steckt letztlich eine Sehnsucht nach Glück, nach der mütterlichen Liebe, Freiheit und Geborgenheit. Wenn wir die Sehnsucht in der Sucht selbst erfüllen wollen, dann machen wir uns etwas vor und schaden uns selbst. Die Adventszeit ist die Zeit, das Warten wieder zu lernen und unsere Süchte in Sehnsucht zu verwandeln. Statt unsere Sucht zu verurteilen und uns ihrer zu schämen, sollten wir sie befragen: Was willst du mir sagen? Worauf verweist du mich? Die Texte der Propheten, die wir in der Adventszeit hören, sind voller Hoffnung auf ein erfülltes Leben. Wenn wir diese Texte hören, dann bringen sie uns in Berührung mit unserer Sehnsucht nach Liebe und Erfüllung.

Sehnsucht nach dem Paradies

Sehnsucht ist das liebende Verlangen nach dem, was unser Herz zutiefst erfüllen und befriedigen kann. Sie hat immer mit Liebe zu tun, mit dem Herzen, das durch die Sehnsucht weit wird. Für Augustinus ist die Sehnsucht eine Grundbefindlichkeit des Menschen. Der Mensch ist in seinem Wesen einer, der sich nach Gott sehnt. Das ist nicht immer offenkundig, aber in aller irdischen Sehnsucht klingt diese letzte Sehnsucht nach Gott mit. Wer seine Sehnsucht verdrängt, der wird süchtig. Jeder von uns kennt innere Abhängigkeiten. Die Kunst bestünde darin, dass wir sie genau anschauen und die Sehnsucht darin entdecken, die uns zeigt, dass unser eigentliches Verlangen über das Alltägliche und Banale hinausweist. Letztlich steckt darin die Sehnsucht nach Heimat und Geborgenheit, die Sehnsucht nach dem verlorenen Paradies. Das ist aber keine fehlerhafte oder ungesunde Entwicklung, kein Ausdruck von Unreife oder Regression. Es zeigt etwas anderes, nämlich eine Ahnung davon, dass wir uns nur dann dem Kampf des Lebens stellen können, wenn wir in uns selbst daheim sind und wenn wir Gott als das Geheimnis wahrnehmen, das in uns wohnt.

Ich gebe dir das Ende der goldenen Schnur. Rolle sie zu einem Knäuel auf, und sie wird dich durch das himmlische Tor in der Mauer Jerusalems führen.

William Blake

Tiefes Verlangen

Advent ist die Zeit, in der ein tiefes Verlangen nach dem, was unser Herz zutiefst erfüllen und befriedigen kann, im Rhythmus des Kirchenjahres seinen Ausdruck findet.

Die Sehnsucht, die sich in den Liedern dieser Zeit ausdrückt, hat immer mit Liebe zu tun. Unser Verlangen danach weist über das Alltägliche und Banale hinaus und zeigt, dass wir uns nur dann dem Kampf des Lebens stellen können, wenn wir in uns selbst daheim sind und wenn wir wahrnehmen, dass Gott als das Geheimnis der Liebe in uns wohnt.

Wenn ich in diesem Wissen mit meiner Sehnsucht bewusst in Berührung komme, dann kann ich mich auch aussöhnen mit der Durchschnittlichkeit meines Lebens. Dann kann ich mich verabschieden von Illusionen, die ich mir von meinem Leben gemacht habe. Dann komme ich in Berührung mit etwas jenseits der Welt, mit etwas, über das die Welt keine Macht hat. Das ermöglicht mir auch eine vorurteilslose Offenheit andern gegenüber. So kann ich die Begegnung und die Beziehung genießen, ohne ständig mehr haben zu wollen.

In einer solchen Erfahrung der Sehnsucht steckt zudem eine Kraft. Sehnsucht hat die Kraft, Beton zu sprengen, den Panzer zu knacken, den wir um uns aufgebaut haben, um unempfindlich zu sein gegenüber der anderen Welt.

Sehnsucht öffnet unsere enge Welt.

Sie hält den Horizont über uns offen.

4. Tag
Die Sehnsucht vertiefen

Zeit der Sehnsucht

Sehnsucht ist mehr als Nostalgie. Mag bei manchen auch die Erinnerung an früher hochkommen, die Sehnsucht ist ein Gefühl, das wir jetzt haben. Die Erinnerung an die Erfahrungen von Heimat, die wir früher in der Adventszeit erlebt haben, stellt uns vor die Frage, was uns jetzt trägt. Was war das, was uns damals berührt hat? War das nur Einbildung? War das nur romantische Schwärmerei? Wir ahnen tief in unserem Herzen, dass da etwas Zentrales in uns angerührt wird, die Sehnsucht nach Erfüllung, die Sehnsucht nach einer Welt voller Liebe und Zärtlichkeit. Es ist die Welt, die durch die Erwartung eines göttlichen Kindes geprägt ist, durch die Hoffnung, dass alles neu werden wird, wenn Gott selbst eintritt in unsere Welt, durch das Vertrauen, dass Gott in uns herrscht und alle inneren und äußeren Herren, die uns das Leben schwer machen, entmachtet.

Die Sehnsucht ist die Spur, die Gott in unser Herz gegraben hat. Viele Menschen beklagen sich, dass Gott ihnen so ferne sei, sie spürten ihn nicht. In der Adventszeit kommen sie mit ihren früheren Erfahrungen von Geborgenheit und Heimat, von Gottes heilender Nähe und liebender Zuwendung, in Berührung. Aber das tut nur weh, weil sie als Kontrast ihre innere Leere spüren. Ich rate solchen Menschen immer: »Legen Sie Ihre Hand auf das Herz und spüren hinein, was da an Sehnsucht aufsteigt! Und dann stellen Sie sich vor, dass Ihre Sehnsucht die Spur ist, die Gott in Ihr Herz gelegt hat, um Sie an sich selbst zu erinnern, um Ihnen seine Nähe zu zeigen. Wenn Sie sich selbst und Ihre Sehnsucht spüren, dann spüren Sie auch Gott. Wer sich selbst nicht spürt, kann Gott nicht spüren.« Saint-Exupéry sagt einmal: »In der Sehnsucht nach Liebe ist schon Liebe.« So können wir folgern: In der Sehnsucht nach Gott ist schon Gott. In der Sehnsucht nach Geborgenheit ist schon Geborgenheit. Statt zu klagen, dass ich zu wenig Liebe erfahre, zu wenig Geborgenheit, zu wenig spirituelles Angerührtsein, nehme ich in mir die Sehnsucht danach wahr. Und in der Sehnsucht ist schon all das, wonach ich mich sehne.

*

»Ich rufe Dich hinein in meine Seele, die Du bereitest,
Dich aufzunehmen durch die Sehnsucht,
die Du ihr einhauchst.«

Augustinus

Lass dich von der Sehnsucht beflügeln

»Binde deine Karren an einen Stern«, sagt Leonardo da Vinci. Das heißt, lass dich von einer Kraft ziehen, die nicht von dieser Welt ist, damit du die Welt veränderst.

Jörg Zink

*

Es ist gut, den Glauben zu bewahren, dass alles viel wunderbarer ist, als man fassen kann, denn das ist die Wahrheit.

Vincent van Gogh

Sehnen nach der Sehnsucht

Es sprechen manche, sie hätten's nicht.
Da erwidere ich: Das ist mir leid.
Ersehnst du es aber auch nicht, das ist mir noch leider.
Könnt ihr es denn nicht haben, so habt doch ein Sehnen danach!
Mag man aber auch das Sehnen nicht haben, so sehne man sich doch wenigstens nach einer Sehnsucht.

Meister Eckhart

5. Tag
Folg dem Stern am Himmel

Suchen und Sehnsucht

Die Magier stehen nicht nur für andere Völker und Kulturen, für andere religiöse Wege, für die Sehnsucht der Menschen nach Gott. Sie stehen auch für unser eigenes Suchen. Dort, wo wir suchen, sind wir auf dem Weg zum neugeborenen König. Alle Wege führen letztlich zu ihm.

Die Magier werden in der Bibel auch Sterndeuter genannt. Sie deuten die Sterne, die am Himmel stehen, aber auch die Sterne, die in unserem Herzen aufgehen. Wenn du die Sterne deines Schicksals richtig deutest, wirst du überall in deinem Leben Gottes Hand schützend und leitend über dir erfahren. Gott selbst nimmt dich auf den verschlungenen Wegen deines Lebens an die Hand, um dich über Sternstunden und Stunden der Enttäuschung hinzuführen zu dem Stern, der über dem göttlichen Kind leuchtet. Auch wenn du in der Dunkelheit deiner Nacht den Stern oft nicht mehr siehst, wenn du dich von Gott auf deinen Wegen verlassen fühlst, Gott führt dich, bis auch du niederfallen kannst, bis du dich vergessen kannst, frei wirst vom Grübeln, was das nun alles gebracht hat. Dort, wo du dich vergessen kannst, bist du angekommen, bist du ganz bei dir und ganz in Gott.

Mensch des Himmels

Die Liebe spricht gerne von Sternen. Zum Geliebten sagt sie: »Du bist mein Stern. Du bist ein Stern für mich.« Damit meinen wir, dass der andere Licht in unser Leben bringt, dass er wie ein Stern an unserem Nachthimmel leuchtet, dass unsere Nächte durch den andern hell werden. Das Licht des Sternes hat ja einen eigenen Glanz. Die Sprache der Liebe lässt uns erahnen, was an Weihnachten geschieht, da leuchtet uns in Christus ein Stern auf an unserem nächtlichen Himmel. Da bringt Christus durch seine Liebe Licht in unsere Dunkelheit. Der Stern, der am Himmel steht, verweist uns auf den Vater, der im Himmel ist. Er ist Bild unserer Sehnsucht nach dem ganz anderen. Was wir am Himmel sehen, das ist immer auch eine Wirklichkeit in uns. Wir sprechen von dem Stern, der am Horizont unseres Herzens aufgeht, wenn wir mit unserer Sehnsucht in Berührung kommen, und wir spüren, dass unser Herz weit über alles Alltägliche hinausreicht, bis in die Welt Gottes, in der wir wahrhaft daheim sind.

Angelus Silesius hat wohl in unübertroffener Weise gedichtet, was Christus als der Morgenstern für uns ist:

»Morgenstern der finstern Nacht,
der die Welt voll Freuden macht.
Jesu mein, komm herein,
leucht in meines Herzens Schrein.«

Stern für andere

Seit jeher haben die Menschen ihre Sehnsüchte in die Sterne verlagert. Und die Sterne haben immer eine Faszination ausgeübt. Als Kinder haben wir gerne das Lied gesungen »Weißt du, wieviel Sternlein stehen«. Das Lied gab uns die Gewissheit, dass Gott es gut mit uns meint, dass wir unter seinem Sternenhimmel daheim sind. Die Sterne erinnern uns an die Heimat in dem Sinne, dass wir auf dieser Welt immer und überall daheim sind, weil die gleichen Sterne uns leuchten wie in unserer Heimat. All diese Assoziationen spielen mit, wenn wir zu Weihnachten an den Stern denken, der Jesu Geburt angezeigt hat, und wenn wir die Weihnachtssterne an den Christbaum oder an die Fenster hängen. Durch Christi Geburt ist diese Welt uns Heimat geworden. Da leuchtet überall der gleiche Morgen- und Abendstern über uns am Himmel und lässt uns überall daheim sein. Und Weihnachten lädt uns dazu ein, dass wir selbst für andere zum Stern werden, der ihre Nacht erhellt, Hoffnung in ihnen leben lässt und ihnen das Gefühl von Heimat schenkt.

Der Weihnachtsstern sagt Dir: Du bist nicht nur ein Mensch der Erde, sondern auch ein Mensch des Himmels. In dir leuchtet der Stern, der über dich hinausweist auf den, der vom Himmel herabkommt und unsere tiefste Sehnsucht erfüllt.

Am Firmament des Herzens

Der Stern, der am Firmament deines Herzens steht, ist ein Bild für die Sehnsucht, die dich treibt. Trau deiner Sehnsucht, folge ihr bis an den äußersten Rand. Deine Sehnsucht wird dich nicht in Ruhe lassen, bis du Gott findest als das letzte Ziel deines Sehnens. Die Wege werden manchmal beschwerlich sein. Du wirst die Sehnsucht nur als Schmerz empfinden, weil du das Eigentliche noch nicht gefunden hast. Aber Du wirst Gott finden, wenn du dich nur von deiner Sehnsucht leiten lässt. Sie führt dich in das Haus, in dem Maria und das Kind ist. Dort, wo du das göttliche Kind in deine mütterlichen Arme nimmst, bist du wahrhaft zu Hause.

6. Tag
Ausharren und wachsam sein

Ausharren

Es gibt ein erfülltes Warten. In der Tradition der Mönche hat das Warten einen solchen Sinn. Die Eremiten in der Wüste, die unter unwirtlichsten Umständen ausharrten, warteten nicht auf die Erfüllung eines bestimmten Wunsches oder das Erreichen eines konkreten Ziels. Ihr »Harren auf Gott« ist etwas, was sie freimachte von eigenen Erwartungen und ihr Herz öffnete für den, der »größer ist als unser Herz«. In diesem Warten also ist schon Erfüllung anwesend und wirksam.

Notker Wolf, Gönn dir Zeit

Horchen

Advent ist die Zeit, hineinzuhorchen in die Stille, aufmerksam zu sein, was Christus mir sagen möchte. Vielleicht kommt er zu mir, um mir zu sagen, dass ich an mir vorbeilebe, dass mein Leben nicht stimmig ist. Vielleicht will er mir die Augen öffnen, damit ich die Wirklichkeit so sehe, wie sie tatsächlich ist.

Es muss noch etwas anderes geben

Advent ist auch eine Zeit der Wachsamkeit. Die Erwartung im Advent sagt uns: Es muss noch etwas anderes geben als die täglichen Probleme, Intrigen und Konflikte, denen wir uns ausgesetzt fühlen. Jetzt hören wir in den Texten der Liturgie wunderbare Verheißungen und starke prophetische Stimmen, die unser Herz öffnen wollen. »O Heiland reiß die Himmel auf!« ist eines der schönsten Lieder, in denen sich diese tiefe Sehnsucht ausdrückt: Gott möge den Himmel aufreißen, der oft genug über uns verhangen ist und der uns verschlossen erscheint, damit unser Leben heller und heiler wird.

Die Texte des Advents sprechen unsere Sehnsucht an, es möge ein Leben geben, das von Gott geprägt ist. Nur schöne Verheißungen, alle Jahre wieder? Warum wird diese Welt nicht wirklich heiler und heller? Alles Vertröstung? Nein, gerade weil wir die Welt als so unvollkommen erfahren, brauchen wir den Blick in eine andere Welt, damit wir nicht verzweifeln. Und *jetzt schon* wird die Welt anders, wenn sich der Himmel über uns öffnet. In unsere Dunkelheit fällt ein Licht, in unsere Angst Vertrauen. Wenn Gott kommt, dann kommen wir zu uns selbst. Dann wird die Welt nicht einfach anders. Aber wir erleben sie auf neue Weise. Sie ist nicht mehr so bedrohlich. Mitten in der Welt fühlen wir uns von Seiner Nähe umgeben. Wenn der Himmel aufreißt, wird auch unser Herz aufgebrochen, damit es sich dem öffnet, der allein es zu beruhigen vermag.

Die Botschaft des Türhüters

Ein Mann geht auf Reisen und verlässt sein Haus. Den Dienern überträgt er die Verantwortung für das Haus, und zwar jedem eine bestimmte Aufgabe. Dem Türhüter aber befiehlt er, wachsam zu sein. Im Markusevangelium (13, 22–27) steht dieses Gleichnis. Jesus zeigt uns damit, wie adventliches Wachen aussehen soll. Zwei Haltungen fordert er: Zum einen die Bereitschaft zu konkreter Verantwortung. Jeder hat einen anderen Auftrag. Jeder soll seine persönliche Lebensspur eingraben in diese Welt. Wir sind nicht einfach nur da, damit es uns gut geht. Wir tragen Verantwortung für diese Welt. Adventliches Warten ist keine Flucht. Es will uns vielmehr sensibel machen, dass jeder seine persönliche Verantwortung hat für den Bereich, den Gott ihm zugedacht hat. Wachsam sein heißt also spüren: Was möchte ich mit meinem Leben tun? Was ist die Botschaft, die ich den Menschen um mich herum vermitteln möchte? Wozu fühle ich mich berufen? Dabei geht es nicht um große Dinge. Jeder hat seine Aufgabe. Aber diese Aufgabe ist wichtig, damit das Haus weiterhin gut verwaltet wird und damit ein gutes Miteinander möglich ist.

Wir wissen nicht, wann der Herr kommt. Wir wissen nicht, wann der Tod nach uns greift. Im Tod pocht der Herr an unsere Tür, damit wir ihm aufmachen. Doch der Herr kommt nicht erst im Tod. Jeden Augenblick kann es sein, dass er an die Tür meines Herzens klopft, um bei mir einzutreten. Es sind oft leise Impulse, leicht zu überhören.

Seht, er kommt

Zwei Worte hören wir immer wieder in der Adventszeit: Kommen und sehen. Der Prophet Jesaja fordert uns gleich dreimal auf, zu sehen. »Seht da, euer Gott. Seht, Gott, der Herr, kommt mit Macht. Seht, mit ihm kommt sein Siegeslohn« (Jesaja 40,9–10).

Wir sollen richtig sehen: Dann werden wir die Gegenwart Gottes wahrnehmen. Gott ist schon da in meinem Herzen. Gott ist schon da, wenn wir miteinander beten. Gott ist in meinem Leben gegenwärtig als der, der die Wunden heilt.

Und Gott ist der, der mit Macht kommt. Wir geben oft andern Menschen zu viel Macht. Wir haben Angst vor ihrem Urteil, vor ihren Worten. Wir richten uns zu sehr nach ihren Erwartungen. Da ist es befreiend, zu vertrauen, dass Gott mit seiner Macht kommt und all die, die Macht haben über mich, entmachtet.

Und wir sollen gut sehen: Dann werden wir erkennen, dass Gott seinen Siegespreis mitbringt. Gottes Nähe verheißt uns, dass nicht Verlust, sondern Gewinn über unser Leben geschrieben wird. Unser Leben wird gelingen.

Advent bedeutet: Möge der Herr kommen, um uns zu erlösen, um uns zu befreien, um uns zu erleuchten. Mögen unsere Augen sich öffnen, um sein Kommen wahrzunehmen.

7. Tag
Suche nach dem Absoluten

Schauen

»Gott, lass mich doch dein Angesicht schauen
nur einen Augenblick,
dann wird mein Leben sich verändern.«

Maria-Magdalena Robben

Gewahr werden

Wenn wir den Durst von Verdurstenden, den Hunger von Verhungernden wieder zu fühlen beginnen, inmitten einer Welt, die uns nicht sättigen kann, ist der erste Schritt schon getan, dass Gott wieder wahr wird in unserem Herzen und wir Gottes gewahr werden in unserem Leben.

Eugen Drewermann

Die Sehnsucht zulassen

Setze Dich still vor eine brennende Kerze. Lege Deine Hände auf die Mitte Deiner Brust und horche in Dich hinein, welche Sehnsucht in Dir auftaucht. Ist es die Sehnsucht nach Gott? Oder die Sehnsucht nach Glück, nach Liebe, nach Erfolg, nach Anerkennung, nach Gesundheit und Zufriedenheit? Wenn Du keine Sehnsucht nach Gott in Dir spürst, so frage Dich, ob Du zumindest die Sehnsucht nach dieser Sehnsucht in Dir spürst. Ein jüdischer Rabbi meinte zu seinem Schüler, die Sehnsucht nach der Sehnsucht, Gott zu lieben, würde genügen.

Frage Dich also, wonach Du Dich heute wirklich sehnst. Sehnsucht geht ja letztlich nie auf Vergangenheit, sondern immer auf Zukunft. Und wenn Du Dich nach vergangenen schönen Gefühlen sehnst, dann wünscht Du Dir eigentlich, dass Du die Erfahrung von damals jetzt machen kannst, dass Du jetzt vom Geheimnis der Liebe Gottes berührt wirst, wie wir sie an Weihnachten feiern. Und wenn Du nur Leere in Dir spürst, dann erfülle diese Leere mit der Sehnsucht nach Liebe. In der Sehnsucht nach Liebe ist schon Liebe in Dir.

Symbol von Hoffnung und Verheißung

Der hl. Paulus vergleicht unser Leben mit dem eines Wettkämpfers, der enthaltsam lebt, um den Siegeskranz zu erlangen: »Jene tun dies, um einen vergänglichen, wir aber, um einen unvergänglichen Siegeskranz zu gewinnen.« (1 Kor 9,25) Der Adventskranz verweist uns auf den Siegeskranz, der durch den Tod nicht verwelkt, sondern der ewig bleibt, weil Gott selbst ihn uns auf das Haupt setzt. Der zweite Timotheusbrief greift dieses Bild auf: »Schon jetzt liegt für mich der Kranz der Gerechtigkeit bereit, den mir der Herr, der gerechte Richter, an jenem Tag geben wird, aber nicht nur mir, sondern allen, die sehnsüchtig auf sein Erscheinen warten.« (2 Tim 4,8) Das ist ein adventlicher Text. Wir alle erwarten in der Adventszeit sehnsüchtig das Erscheinen Jesu Christi, nicht nur am Ende der Welt, sondern jetzt schon. Wenn Jesus jetzt in mein Herz eintritt, dann setzt er mir den Kranz der Gerechtigkeit auf, dann wird alles in mir zurecht gerückt, dann wird alles in mir richtig und gerecht. Dann werde ich meinem Wesen gerecht und ich kann aufrecht und aufrichtig leben.

*

Wer Gott liebt, bekommt jetzt schon diesen Kranz des Lebens aufgesetzt. Er erfährt, was wirkliches Leben ist, glücklicher als das Leben derer, die nur nach außen hin glänzen.

Das Geheimnis der vier Kerzen

Die erste Kerze drückt unsere Sehnsucht nach Einheit aus. Ich sehne mich danach, mit mir selbst eins zu sein, einverstanden mit meiner Lebensgeschichte, aber auch eins zu sein mit Gott. *Die zweite Kerze* verweist auf die Polarität, auf Mann und Frau, Jung und Alt, Licht und Dunkel. Alle Gegensätze in mir sollen erleuchtet werden, aber auch unsere Gegensätze in der Familie sollen vom Licht Christi erfüllt werden. Dann spalten uns die Gegensätze nicht, sondern verstärken das Licht für uns alle. *Die dritte Kerze* symbolisiert die Dreiheit. Wir haben in uns drei Bereiche: Leib, Seele, Geist oder Kopf, Herz und Bauch. Alle drei Bereiche in uns sollen vom Licht Christi erhellt werden. Dann werden wir selbst zu einem Licht für die Menschen. *Die vierte Kerze* verweist auf das Irdische, auf den Alltag. Unser Alltag mit seinen oft banalen Tätigkeiten soll vom Licht Christi erleuchtet werden. Wenn unser Alltag Christi Licht widerspiegelt, dann wird das Licht in unserem Haus immer heller. Alles wird nach und nach erhellt. Das ist die Verheißung des Adventskranzes, bis wir dann an Weihnachten das Licht feiern, das in dem Kind in der Krippe aufleuchtet und von dem Johannes sagt: »Das wahre Licht, das jeden Menschen erleuchtet, kam in die Welt … Und das Wort ist Fleisch geworden und hat unter uns gewohnt. Und wir haben seine Herrlichkeit gesehen, die Herrlichkeit des einzigen Sohnes vom Vater, voll Gnade und Wahrheit.« (Joh 1,9.14)

2. *Woche*

Vom Innehalten, von der Stille und vom Ankommen

Die Reise zum eigenen Herzen ist länger als die vielen Wege durch die Geschäfte, die wir in der Adventszeit gehen.

Mit der Seele ankommen

Advent bedeutet: ankommen. Häufig höre ich Menschen seufzen: »Ich bin noch nicht ganz da. Lass mich doch erst einmal ankommen!« Wir sind meistens nicht dort, wo wir sind. Wir sind mit unserer Seele noch nicht angekommen. Wir verwenden das deutsche Wort »ankommen« aber auch noch anders. Wir sagen von einem Menschen, dass er gut »ankommt« und meinen damit: Er wird von anderen angenommen und findet Zuspruch. Noch etwas steckt in dem deutschen Begriff: Das deutsche Wort »Abenteuer« kommt von »advenire«, Advent, Ankunft. Wenn Gott zu uns kommt, dann ist das ein Abenteuer für uns. Dann brechen unsere routinierten Gewissheiten, Sicherheiten und Erwartungen zusammen. Wir sind aber meist so sehr auf unsere Bilder von Gott fixiert, dass wir sein Kommen übersehen. Wir warten auf etwas Außergewöhnliches und merken gar nicht, wie Gott täglich zu uns kommt in Menschen, die uns um etwas bitten, in Menschen, die uns mit einem Lächeln beschenken. Jede Begegnung mit einem Menschen ist ein Abenteuer, ein Ankommen Gottes bei uns, das zu einem besonderen Ereignis wird, wenn wir offen dafür sind. Im Advent können wir wieder aufmerksam werden auf etwas Wichtiges: Gott kommt in jedem Augenblick. So sagen es die Mystiker. Die Frage ist, ob Du sein Kommen bemerkst. Er kommt in den leisen Impulsen Deines Herzens. Da pocht er an Deine Türe. Da möchte er bei Dir eintreten. Aber vielleicht bist Du zu sehr mit Dir selbst beschäftigt, so dass Du sein Klopfen überhörst.

Allein vor dem Adventskranz

Stelle einen Adventskranz in Deiner Wohnung auf und setze Dich vor ihn hin. Zünde jeden Samstagabend eine Kerze mehr an. Dann meditiere, was der Adventskranz und was die Kerzen Dir sagen. Stelle Dir vor, dass Gott alles in Dir, was kantig und brüchig geworden ist, ganz und rund macht wie diesen Kranz. Vertraue darauf, dass Dein Leben gelingen wird. Der Adventskranz steht auch für die Gemeinschaft. Bete für Deine Familie, für Deine Freunde, dass Gott sie alle miteinander verbindet, dass alles, was die Gemeinschaft stört, in dieser Adventszeit sich auflöst und ein neues Miteinander möglich wird. Und dann meditiere an jedem Adventssamstagabend die neue Kerze, die Du anzündest. Und Du wirst spüren: Mitten in deinem Alltagsleben, in deiner Arbeit, in Deiner Wohnung will Gott selbst wohnen und alles mit seinem Licht erleuchten.

1. Tag
Suche Ruhe, komme an

Reise ins eigene Herz

Viele erleben die Adventszeit als eine Zeit, in der sie rennen und hasten, in der sie vor sich selbst davonlaufen. In den Firmen sind noch viele Dinge vor Jahresende zu erledigen. Die Weihnachtseinkäufe treiben manche in die Hektik. Sie möchten ihren Verwandten und Freunden etwas schenken. Oft genug setzen sie sich dabei unter Druck. Sie möchten, dass die Beschenkten zufrieden sind, dass sie nicht denken, das Geschenk sei mit zu wenig Phantasie ausgesucht. Dazu kommt: Weihnachtsfeiern häufen sich. Für viele gilt: Adventszeit – Stresszeit.

Aber wir müssen nicht alles mittun. Haben Sie den Mut, die Adventszeit so zu gestalten, wie es für Sie stimmt. Fragen Sie, ob Sie alles machen müssen, was von Ihnen erwartet wird oder was Sie selbst von sich erwarten.

Aber auch in all dieser Betriebsamkeit steckt die Sehnsucht, endlich einmal anzukommen, einfach nur da zu sein und die Gegenwart zu genießen.

Advent heißt: Ankunft. Wir erwarten die Ankunft Jesu Christi. Aber wir wissen doch, dass er längst gekommen ist vor zweitausend Jahren. Wir feiern Advent, damit er heute bei uns ankommt. Er ist immer bei uns. Aber wir sind nicht bei uns.

Wer bin ich?

Ich bin, weiß nit wer
Ich komm, weiß nit woher
Ich geh, weiß nit wohin.
Mich wundert, dass ich fröhlich bin.

Mittelalterlicher Spruch

Ich bin, weiß wohl wer.
Ich komm, weiß wohl woher.
Ich geh, weiß wohl wohin.
Mich wundert, dass ich traurig bin.

Martin Luther

Wenn du Ruhe finden willst,
jetzt und später,
dann sprich in jeder Lebenslage: Wer bin ich? –
und urteile über niemanden.

Abbas Joseph von Panephos

Wohin der Weg führt

Der Weg der Erlösung führt
nicht nach links
und nicht nach rechts,
er führt ins eigene Herz,
und dort allein ist Gott,
und dort allein ist Frieden.

Hermann Hesse

Ruhe der Seele

Wer will das nicht: Zur Ruhe kommen? Das möchte jeder gestresste Zeitgenosse. Aber viele finden keine Ruhe. Sie können nicht ausruhen. Und wenn es ruhig wird um sie herum, werden sie geradezu nervös: Sie spüren, dass sie ihrer eigenen Wahrheit begegnen könnten. Das macht sie unruhig. Da laufen sie lieber vor sich selbst davon und stürzen sich in Hektik. Jesus sagt: »Die Wahrheit wird euch frei machen.« (Joh 8, 32) Wir könnten auch übersetzen: Nur wer es wagt, sich seiner Wahrheit zu stellen, wird Ruhe finden. Die Ruhe fängt im Innern an: »Seelenruhe bedeutet auch Ruhe für den ganzen Leib«, sagt Rabbi Halozki. Wenn die Seele nicht zur Ruhe kommt, wird auch der Leib nicht wirklich ruhig werden, selbst wenn er rein äußerlich nichts tut. Wer ständig in Bewegung ist, der hindert seine Seele, ruhig zu werden. Ich muss auch äußerlich Ruhe geben, damit meine Seele Ruhe finden kann.

Die Adventszeit ist die Chance, sich auf das lärmende Herz einzulassen und seinen inneren Hunger zu stillen. Wer still ist, wird auf dem Grund seines Herzens die innere Freude erfahren können, die tiefer ist als alle Enttäuschung, alle Frustration, alle heillose Hektik.

Du bist frei

Setze dich einmal in dein Zimmer. Versuche, gar nichts zu tun, nichts zu denken, nichts zu lesen, nichts zu planen. Genieße einfach den Frieden, der in deinem Zimmer ist. Und versuche, ganz gegenwärtig zu sein. Du bist da und nimmst die Stille wahr. In dieser Stille erahnst du vielleicht, dass du von Gottes heilender und liebender Nähe eingehüllt bist. Du musst nichts vorweisen, nichts überlegen, nichts leisten. Du bist einfach da. Und es ist gut so. Das ist wahre Stille: Die Gedanken schweigen, die Bewertungen schweigen, die Ängste schweigen, um die Probleme ist es still geworden. Nichts beherrscht dich. Du bist frei. Du bist von Stille umgeben, umfangen vom großen Schweigen Gottes, das dich schützt vor dem Lärm der Welt.

*

Wir müssen erst einmal bei uns selbst ankommen, damit wir Gottes Ankunft erleben können. Er kommt zu uns, damit wir aufhören können, außen herumzuirren, und dort ankommen, wo wir daheim sind: im eigenen Herzen, in dem Gott, das Geheimnis selbst, in uns wohnt.

2. Tag
Gönn dir Zeit

Du sollst dich selbst unterbrechen

Du sollst dich selbst unterbrechen
Zwischen Arbeiten und Konsumieren
Soll Stille sein und Freude,
zwischen Aufräumen und Vorbereiten
sollst du es in dir singen hören,
Gottes altes Lied von den sechs Tagen
und dem einen, der anders ist.
Zwischen Wegschaffen und Vorplanen
sollst du dich erinnern
an diesen einen Morgen,
deinen und aller Anfang,
als die Sonne aufging
ohne Zweck
und du nicht berechnet wurdest
in der Zeit, die niemandem gehört
außer dem Ewigen.

Dorothee Sölle

Zeit für mich

Die große Frage ist: Was fangen wir an mit unserer Zeit, mit unserem Leben? Welche Prioritäten sollen wir setzen? Eine Antwort aus der Regel des Benedikt scheint auf den ersten Blick schockierend: »Der Mönch soll alle Zeit den unberechenbaren Tod täglich vor Augen haben.«

Ein Bilderbuch von Wolf Erlbruch trägt den Titel: »Die große Frage«. Ein Kind geht herum und stellt Menschen, Tieren und Dingen »die große Frage«: »Wozu bist du, wozu bin ich auf der Welt?« Alle Befragten antworten anders. Der Bruder sagt zum Beispiel: »Um Geburtstag zu feiern, bist du auf der Welt«; die Großmutter: »Natürlich bist du auf der Welt, damit ich dich verwöhnen kann.« Der Vogel: »Um dein Lied zu singen, bist du da«. Auch der Stein wird gefragt: »Du bist da, um da zu sein.«

Am Ende fragt das Kind auch den Tod; und der antwortet: »Du bist auf der Welt, um das Leben zu lieben.«

Notker Wolf, Gönn dir Zeit

Ich weiß, viel ist zu tun.
Aber nichts tun und geschehen lassen ist nötiger.
Ist mehr.

Jörg Zink

Dir gehört die Zeit

Rabbi Mosche Löb sprach:
»Ein Mensch, dem nicht an jedem Tag
eine Stunde gehört,
ist kein Mensch«.

Chassidische Weisheit

Die wichtigste Frage

Wenn Gott bei uns ankommt, dann kommen wir zu unserem wahren Selbst. Aber damit wir Gottes Kommen spüren, müssen wir zuerst bei uns selbst ankommen. Fragen Sie sich, ob Sie wirklich bei sich selbst sind, wie erfüllt die Zeit früher war und wie leer sie jetzt ist. Versuchen Sie, bei sich anzukommen. Nur wenn Sie in den vier Wochen des Advents zu sich kommen, werden Sie an Weihnachten das Kommen Gottes in der Geburt Jesu Christi als Erfüllung Ihrer Sehnsucht erfahren.

3. Tag
Komm in Berührung mit der Stille

Bei sich selber sein

Muss, wer anderen helfen will, bei sich selber sein? Ich denke schon. Aber wie streifen wir all das ab, was an fremden Vorstellungen von uns Besitz ergreifen will, all das Verwirrende und Verworrene? Wie gewinnen wir den Mut, zu uns selbst zu stehen? Durch Glauben? Durch Handeln? Auch das. Es gibt einen besonderen Weg, um zu sich selber zu kommen, sich zu lösen von Furcht und Schrecken, von Lärm und Getriebe. Es ist der Weg der Stille, der hilft, eins mit uns und mit der Welt zu werden.

Friedrich Schorlemmer

Wer nicht zu schweigen versteht, tut mit seinem Leben das Gleiche, wie einer, der nur ausatmen wollte, nicht einatmen.

Romano Guardini

Stille reinigt

Sich in die Stille setzen und wirklich nichts machen, das ist, wenn man nicht gerade in einer schönen alten Kirche sitzt oder horchend im Wald innehält, eine nicht geringe Herausforderung.

Die Hände in den Schoß legen, das ginge noch. Den Mund für eine Weile geschlossen halten auch. Aber die Gefühle still sein lassen und die Gedanken zum Schweigen bringen, das ist eine andere Sache. Für die Stille ist es die entscheidende Sache. Natürlich nicht, weil es ungut wäre, zu fühlen und zu denken. Es wäre sehr gut, tiefer fühlen und klarer denken zu können. Es wäre sehr gut, vom Gefühl nicht blind gepackt und von ungewollten Gedanken nicht zerstreut zu werden, sondern aus gefühlter Verbundenheit neue Gedanken zu erschaffen. Die Stille reinigt unser Fühlen und Denken von unseren zwanghaften Identifikationen gerade dadurch, dass Fühlen und Denken für diese Zeit im Schweigen ruhen.

Silvia Ostertag

Wann ist Stille?

Stille ist, sobald man Stille erinnert.
Und Stille ist, sobald man auf Stille horcht.

Es genügt, auf die Stille zu horchen.

Man muss dafür nicht in die Wüste fliegen und auch nicht in einer alten Kirche sitzen. Nicht einmal in den Wald gehen muss man.

Man kann – wann immer man will – einkehren in die Stille in sich selbst.

Da ist ein Ort wie stiller Wald.

Da ist Schweigen weit und breit.

Stille kann man nicht machen. Stille ist da, sobald man nichts macht.

Deshalb geht es in der Übung der Stille gerade darum, so »nichts wie möglich« zu machen.

Das ist leichter gesagt als getan. Man kann es ja einmal versuchen. Für ein paar Minuten gerade jetzt einfach nichts tun, gar nichts machen. …

Jede Minute in der Stille zu sitzen ist mehr, als es nicht zu tun. Man wird herausfinden, welche Zeitspanne für einen gut ist und welches Ritual einem angemessen ist, um sich für die Übung zu bereiten. Zum Beispiel eine Kerze anzünden und sich mit einer Gebärde der Achtung, mit einer Verneigung, dem Platz für die Stille zuwenden.

Silvia Ostertag

Berührt vom inneren Hunger

Wenn Advent heißt: die Zeit der Stille erfahren, dann ist das eine Chance: In der Stille kommen wir in Berührung mit unserem inneren Hunger, mit unserer Sehnsucht.

»Still« hat auch mit »stillen« zu tun. Die Mutter stillt das Kind, bringt das vor Hunger schreiende Kind zur Ruhe. So muss ich meine eigene Seele, die innerlich laut schreit, beruhigen. Ich muss mich meinem Herzen zuwenden wie eine Mutter, damit es Ruhe gibt.

Wir brauchen den mütterlichen Gott, der unseren Hunger stillt mit seiner liebenden Zuwendung. Wenn wir uns in der Stille von Gottes heilender und liebender Nähe umgeben wissen, dann werden wir auch innerlich ganz still.

4. Tag
Aus der Kraft der Ruhe

O komm, Gewalt der Stille

Wir sind so sehr verraten,
von jedem Trost entblößt.
In all den schrillen Taten
ist nichts, das uns erlöst.
Wir sind des Fingerzeigens
der plumpen Worte satt.
Wir wolln den Klang des Schweigens,
der uns erschaffen hat.
Gewalt und Gier und Wille
der Lärmenden zerschellt.
O komm, Gewalt der Stille,
und wandle du die Welt.

Werner Bergengruen

Die inneren Antreiber loslassen

Auch in der säkularen Welt der Großstadt sind jetzt im Advent überall Bilder jener jungen Mutter (und des wohl nicht viel älteren Vaters!) zu sehen, die nichts anderes tut, als versunken und friedvoll auf ihr Kind zu blicken. Dieselbe ruhige und lichte Versunkenheit in das ganz einfache Wunder des Lebens ist zu beobachten, wenn Menschen ganz *in* dem sind, was sie wirklich erfüllt und glücklich macht, wenn sie ergriffen sind von dem gegenwärtigen Augenblick, der sich öffnet und weitet in Zeitlosigkeit. Was das jeweils ist, ist so unterschiedlich wie die Menschen sind. Aber nichts, gar nichts ist wichtiger als dies: Sich hinzugeben an diese Ruhe, diese Muße, und währte sie auch nur Minuten. In ihr strömt Gotteskraft in diese Welt und das eigene Herz. Und woraus leben wir, wenn nicht aus ihr? Und wofür lebten wir aus dieser Kraft, wenn nicht für dieses Leben?

Katharina Schridde

Bleibe bei dir selber!

Bleibe nur bei dir selber und laufe nicht nach außen und leide dich aus und such nicht etwas anderes! So tun etliche Menschen, wenn sie in dieser inwendigen Armut stehen, und suchen immer etwas anderes, um dadurch dem Gedränge zu entgehen. Oder sie gehen klagen oder Lehrer fragen und werden noch mehr irregeführt. Bleibe ohne allen Zweifel dabei; nach der Finsternis kommt der lichte Tag, der Sonnenschein.

Johannes Tauler

Viel eher wird dir Gott,
wenn du ganz müßig sitzt
Als wenn du nach ihm läufst,
dass Leib und Seele schwitzt.

Angelus Silesius

Nur wenn wir fähig sind zum Innehalten, beginnen wir zu sehen. Und nur wenn wir sehen, verstehen wir auch.

Thich Nhat Hanh

5. Tag
Wenn das Herz still wird

Hygiene für die Seele

Lärm ist wie Schmutz und Staub. Schweigen ist wie ein Bad der Seele. Wir brauchen nicht nur Hygiene für den Leib, sondern auch für die Seele. Und es gibt kein besseres Heilmittel und kein intensiveres Reinigungsbad als das Schweigen.

*

Wir machen in unserem Alltag viel Lärm, um der Stille aus dem Weg zu gehen. Wenn wir aufhören zu reden und zu hasten, wenn wir den Mut haben, stehen zu bleiben und still zu werden, dann taucht der Lärm unserer Gedanken auf, dann tauchen in uns Gespenster der Angst, der Depression, der Enttäuschung, der Kränkung auf. Und die wollen wir mit dem Waffenlärm gewaltsam vertreiben. Doch wer die Stille aushält, für den wird sie heilsam.

Keine Angst vor der Stille

In der Stille verstummen die inneren Gespräche. Da muss ich nichts leisten. Da darf ich einfach sein, wie ich bin. Ich muss niemandem antworten, mich auf keinen einlassen. Ich bin einfach, ohne Erwartung, ohne Druck, ohne Anforderung von außen. Die Stille ist für mich reines Sein.

Sie heißt: Ich muss mich nicht beweisen. Ich muss nicht etwas Interessantes beitragen. Ich darf einfach nur da sein. Ich genieße schweigend die Mahlzeit, kaue langsamer, schmecke intensiver. Und ich nehme mich selbst und die andern ganz anders wahr.

Stille ist in der geistlichen Tradition etwas anderes als Schweigen. Schweigen ist mein eigenes Tun. Ich halte den Mund. Ich rede nicht. Ich versuche, auch meine Gedanken zum Schweigen zu bringen. Es ist eine Übung, die manchmal nicht so einfach ist. Denn wenn die Zunge stumm bleibt, ist es der Kopf noch lange nicht. Im Kopf redet es oft unaufhörlich. Es bedarf der Übung, etwa der Meditation, mit jedem Ausatmen die Gedanken abfließen zu lassen, bis der Kopf langsam leer wird, bis ich in den Grund meiner Seele gelange, in den der Lärm der Gedanken keinen Zutritt hat.

Der Weg des Atems

Ich stelle mir vor, dass ich im Ausatmen durch alle Schichten meiner Seele in den Grund gelange. Der Ausatem geht durch den Ärger, durch die Unruhe, durch den inneren Lärm, durch die Selbstvorwürfe hindurch in den Grund der Seele. Und dort unterhalb aller Emotionen und Gedanken ist dieser Raum der Stille. Ich werde diese Stille immer nur für einen Augenblick ganz intensiv spüren. Dann werden die Gedanken wieder auftauchen. Aber dieser eine Augenblick der Stille verwandelt meine Selbstwahrnehmung. Ich spüre bei allem Lärm dieser Welt und bei aller Verantwortung, die ich für andere habe, immer wieder diesen Freiraum der Stille, zu dem die Menschen keinen Zutritt haben. Das ist für mich wohltuend, eine Tröstung, die ich nicht vermissen möchte.

Ein rastliches Leben

»Dass ein Mensch ein ruhiges oder rastliches Leben in Gott hat, das ist gut; dass der Mensch ein mühevolles Leben mit Geduld erträgt, das ist besser; aber dass man Ruhe habe im mühevollen Leben, das ist das Allerbeste. Ein Mensch gehe übers Feld und spreche sein Gebet und erkenne Gott, oder sei in der Kirche und erkenne Gott: erkennt er darum Gott mehr, weil er an einer ruhigen Stätte weilt, so kommt das von seiner Unzulänglichkeit her, nicht aber von Gottes wegen; denn Gott ist gleicherweise in allen Dingen und an allen Stätten …«

Meister Eckhart, Predigt 36

Der Mut, stehen zu bleiben

Wenn das Herz still wird, wird es ruhig und liebevoll. Ein stilles Herz ist frei von ärgerlichen oder bösen Gedanken. Wenn wir uns in der Stille von Gottes heilender und liebender Nähe umgeben wissen, dann werden wir auch innerlich ganz still.

Nur wenn wir stille stehen, spiegelt sich in uns die Herrlichkeit, die uns umgibt. Dann spüren wir die Freude, die in uns liegt.

Wir brauchen die Stille, um wir selbst zu werden und ganz bei uns zu sein. Nur so wird ein menschenwürdiges Leben möglich.

*

Stille ist Schönheit, immer.

Murray Bail

6. Tag
Hüte das Feuer

Glut im Inneren

Wer immer redet, dem entströmt seine innere Energie. Schweigen ist wie ein Schließen der Tür, damit die Glut in meinem Innern nicht ausbrennt und die Quelle der Kraft in mir nicht versiegt.

In unserer Seele kann ein großes Feuer brennen, und doch kommt nie jemand, um sich daran zu wärmen, und die Vorübergehenden sehen nur eine leichte Rauchwolke aus dem Kamin aufsteigen und gehen ihres Weges. Sieh, was kann man dabei tun? Muss man das innere Feuer schüren, Salz in sich haben, geduldig und dennoch mit welch großer Ungeduld auf die Stunde warten, in der jemand kommt und sich hinsetzt, um vielleicht zu bleiben? Mag der, welcher an Gott glaubt, auf die Stunde warten, die früher oder später kommen wird.

Vincent van Gogh

Unsere erste und wichtigste Aufgabe ist es, das innere Feuer so treu zu hüten, dass es den verwirrten Wanderern Licht und Wärme spenden kann, wenn sie es wirklich nötig haben.

Henri Nouwen

Gemeinsam still

Man soll der Schweigsamkeit zuliebe
bisweilen sogar auf gute Gespräche verzichten.

Regel des hl. Benedikt

In der gemeinsamen Stille entsteht eine Kraft,
von der man sich genährt und gestärkt fühlt.
Die Stille ist wie ein Band, das alle zusammenhält.
Wir berühren in der Stille das Geheimnis des Seins.
Wir haben teil am Sein. Wir sind einfach.
Wir sind eins, mit allem eins.

Gerade wenn du viel mit anderen Menschen zu tun hast, wenn viele etwas von dir wollen, wenn du dich in intensiven Gesprächen auf sie einlässt, brauchst du den Engel der Stille, der die vielen Worte, die du täglich hörst, in dir zum Schweigen bringt. Im Schweigen kannst du wieder aufatmen. Da kannst du alles abschütteln, was dir andere anvertraut haben.

Zu sich kommen

Halte es einmal eine Weile mit dir allein aus. Vielleicht hast du doch ein Zimmer, wo du allein sein kannst. Oder du kennst einen einsamen Weg oder eine stille Kirche. Rede dann nicht, weder mit dir selber noch mit den anderen, mit denen wir disputieren und uns zanken, auch wenn sie nicht da sind. Warte. Horche. Du darfst solche Stille nicht halten, um nachher darüber reden zu können. Du musst in sie so hinein, dass du insofern nie mehr aus ihr zurückzukehren entschlossen bist, als du den Ruf in diese Stille, in die schweigende Unendlichkeit hinein wirklich zu deinem letzten Wort machst, das in sich steht, das für nichts anderes da ist, das niemand zu hören braucht als der, dem es wirklich gilt. Also: Halte an, schweige, warte. Schiele nicht nach einem seltsam mystischen Erlebnis. Es soll nichts in diesem Schweigen hervorkommen als die lautere Nüchternheit der Wahrheit: das Reine und Stille. ... Du sollst schweigend dich auf dich zukommen lassen, die Vergangenheit, Gegenwart und Zukunft in diesem Augenblick des Schweigens, alle Wasser deines Lebens, die sich verlaufen und verrinnen, in der einen Schale des sich gegenwärtigen Herzens sammeln.

Karl Rahner, Stille aushalten

Es braucht Zeit

Wir arbeiten meist an so vielem und machen uns viel – vergebliche – Mühe, stiften Unruhe noch und noch. Wir leiden individuell und kollektiv an einem Joch unserer Zeit: nicht mehr abschalten zu können. Immer vom Lauten umgeben zu sein, die Stille nicht mehr hören zu können. Also: einmal nichts einschalten und ganz abschalten. Den ganzen alltäglichen »Quark«, den wir unablässig, angestrengt, hingebungs- oder gar sorgenvoll treten, hinter uns lassen.

Wenn man immer nur anschaltet, muss man zeitweise konsequentes Abschalten wieder lernen, weil man erneut lernen muss, etwas mit sich selbst anzufangen. Mancher wiederum beschäftigt sich nur noch mit sich selbst und meint, das sei schon Arbeit an sich selbst.

Sich selbst zu begegnen und sich anzunehmen macht innerlich reich und äußerlich stärker. Es erleichtert auch die Begegnung mit anderen und verbessert die Fähigkeit, selbst »Schwierige« ganz anzunehmen. Dazu braucht es Zeit, Zeit für die Selbstbesinnung. Dazu braucht es Ruhe, ja Stille, weil die Welt um uns so laut, so schnell, so schrill, so disparat ist.

Friedrich Schorlemmer

Ich brauche Zeit

Ich brauche die Zeit adventlicher Vorbereitung auf Weihnachten, dass ich mich immer wieder dieser Frage stelle: Wenn Christus zu mir kommt, in mein Herz kommt, wie müsste dann mein Leben aussehen? Was möchte er mir sagen? Worauf macht er mich aufmerksam? Zeigt er mir, dass ich noch gar nicht zu mir gekommen bin, dass ich zwar an vielen Orten ankomme, aber in meinem Innern noch nicht angekommen bin? Und ich bitte ihn, dass er wirklich zu mir kommen möge, damit ich durch ihn in die eigene Wahrheit komme.

7. Tag
Angekommen im eigenen Herzen

Ankommen im Herzen

Setze dich in deine Gebetsecke oder an einen Ort, an dem du für dich allein bist. Zünde eine Kerze an und mache das elektrische Licht aus, so dass du nur dem Licht der Kerze ausgesetzt bist. Schaue in das milde Licht und schaue in dein eigenes Herz. Welche Gedanken und Gefühle tauchen in dir auf? Welche Sorgen, welche Ängste steigen in dir hoch? Lass das Licht der Kerze in all diese Emotionen eindringen. Und stelle dir vor, wie in dem Licht der Kerze das Licht der Liebe Gottes in dich eindringt. Das barmherzige Licht der Liebe Gottes steigt an Weihnachten zu uns hernieder. Es will in unser Herz hineinleuchten, um alles Dunkle und Düstere, alles Bedrohliche und Beängstigende aus unserem Herzen zu vertreiben. Lass dieses Licht in dein Herz eindringen, bis du Frieden findest mitten in den Turbulenzen deines Lebens. Dann geschieht jetzt in dir Advent, Ankunft des Lichtes aus der Höhe. Und durch dieses Licht kommst du bei dir selbst und bei Gott an. Angekommen bist du daheim, daheim bei Gott und auch daheim in deinem Herzen.

Schutz-Gebärden

Eine Gebärde, die sowohl für die Advents- als auch für die Weihnachtszeit passt und das Geheimnis dieser Zeit gut zum Ausdruck bringt, ist die Gebärde der Hände, die ich übereinander in die Brustmitte halte. Es gibt die Haltung der überkreuzten Arme über der Brust. Das ist die Gebärde, die Tür zu schließen und den inneren Raum der Stille zu schützen. Davon unterschieden ist diese adventliche und weihnachtliche Gebärde. Ich spüre mit beiden Händen die Wärme in der Brustmitte. Und ich spüre die Sehnsucht, die in meiner Brust aufsteigt. In der Sehnsucht spüre ich mich selbst und spüre ich Gott. In der Sehnsucht nach Liebe erfahre ich die Liebe. Und in der Sehnsucht nach Geborgenheit fühle ich Heimat.

Gebet der Ruhe

Im Gebet der Ruhe ist die Seele wie ein Säugling, dem seine Mutter eine Freude machen möchte, indem sie ihm die Milch in den Mund träufelt, so dass er sich gar nicht anstrengen muss. So dringt auch der Herr ohne Verstandesbemühen in die Seele. Sie soll nur seine Anwesenheit erfassen, die Milch schlucken, die er ihr einflößt und wissen, dass er sie schenkt aus lauter Liebe.

Teresa von Ávila

Schweigen, um zu hören

Stille ist ein Schweigen,
das den Menschen Augen und Ohren öffnet
für eine andere Welt.

Serge Poliakoff

Gott ist zwar überall, seine Stimme aber
hören wir nur in der Stille.

Ernesto Cardenal

Meine Seele schweige, um Gott zu hören
und ihn zu bewundern.

Augustinus

Gott ist in der Mitte! Alles in uns schweige.

Gerhard Teerstegen

So ist es: Beten heißt nicht, sich selbst reden hören.
Beten heißt still werden und still sein
Und warten, bis der Betende Gott hört.

Sören Kierkegaard

Die Frage

Sei still.
Horch auf die Steine der Wand.
Sei still, sie versuchen
deinen Namen
zu sagen.
Horch
auf die lebenden Wände.
Wer bist du?
Wer
bist du?
Wessen Schweigen bist du?

Thomas Merton

3. Woche

Vom Wünschen, Maßhalten und Freiwerden

Was wünschen wir wirklich?
Was brauchen wir?
Wonach trachten wir,
was möchten wir gewinnen?

Innere Grenzen

Wir leben in einer Überflussgesellschaft. Früher gab es natürlich oft äußere Grenzen. Es gab vieles nicht unbegrenzt. Heute braucht der Mensch eine innere Grenze. Sich Grenzen zu setzen, ist wichtig, beim Essen wie beim Konsum. Frei entscheiden können: Was brauche ich wirklich? Und was nicht? Wir sollten uns nicht von dem Angebot des Supermarktes bestimmen lassen, sondern unseren eigenen inneren Bedürfnissen nachspüren. Konsum ist ja oft Ersatz für gelebtes Leben: für Freundschaft, für Liebe, für Anerkennung. Wir kaufen Produkte, um selber nachgefragt oder »in« zu sein. Konsumverzicht heißt dann: solche Verkettung durchbrechen. Oder sie uns als Abhängigkeit zumindest bewusst machen. Und so wieder freier zu werden und sein Leben von innen her zu ordnen.

Fasten, Almosen geben und Beten, das sind die drei Formen der Frömmigkeit im Judentum. Jesus übernimmt sie. Almosen geben sollte auch das Bewusstsein verändern und zu einem weiten Herzen führen: Indem ich faste, werde ich auch sensibler für andere Menschen, lasse ich sie an mich heran und werde solidarisch mit ihnen. Es geht darum, dass man merkt, wie sehr man selber im Überfluss lebt, dass man wahrnimmt, dass es anderen Menschen nicht so gut geht. Und für sich auch Konsequenzen zieht daraus.

Zeit der Verwandlung

Nimm dir Zeit, dich in Stille vor eine Kerze zu setzen und in diesem warmen Licht in dein Herz zu schauen. Was glaubst du unbedingt zu brauchen? Alkohol, Kaffee, eine Zigarette, Schokolade? Wo spürst du in dir etwas von Arbeitssucht, Beziehungssucht, Geltungssucht, Habsucht, Gefallsucht, Herrschsucht, Eifersucht, Spielsucht? Schaue diese Süchte einzeln an und frage dich nach der Sehnsucht, die darin steckt. Verurteile dich nicht wegen deiner Süchte, sondern nimm sie als Anlass, wieder mit deiner Sehnsucht in Berührung zu kommen. In der Geltungssucht steckt die Sehnsucht, etwas zu sein, anerkannt zu werden. Diese Sehnsucht kann aber nicht erfüllt werden, indem wir uns vor anderen aufspielen. Sie kann letztlich nur von Gott erfüllt werden, der uns bedingungslos annimmt, vor dem wir wertvoll sind, der uns eine unantastbare Würde schenkt. Versuche, die Sehnsüchte, die in deinen Süchten stecken, zu Ende zu denken. Dann werden sie dich zu Gott führen, der allein deine Sehnsucht zu stillen vermag.

1. Tag
Meine Gier überwinden

Wege der Verwandlung

Ich gestehe mir ein, dass ich gierig bin. Viele sind nicht bereit, das vor sich selber zuzugeben. Sie meinen, sie müssten immer mehr Geld verdienen, um ihre Familie für die Zukunft abzusichern. Oder sie müssten permanent informiert sein, damit sie mitreden können in ihrem Beruf.

Aber erst wenn ich mir die Gier eingestanden habe, kann ich mit ihr ins Gespräch kommen. Was ist die tiefste Sehnsucht, die hinter meiner Gier steckt? Ist es nicht die Sehnsucht nach Leben, die Sehnsucht, alle Mangelerfahrungen meines Lebens auszugleichen? Gier macht ruhelos. Erst wenn ich die Sehnsucht dahinter herausfinde, finde ich auch zur Ruhe. Denn die Sehnsucht beruhigt das menschliche Herz, ohne dass es dabei starr und unbeweglich wird.

Wenn ich noch mehr Geld habe, wenn ich noch berühmter werde, wenn ich noch mehr Informationen bekomme, ist dann meine Sehnsucht wirklich gestillt? Wie geht es mir dann? Indem ich die Gier zulasse und zu Ende denke, kann ich meine wirkliche Sehnsucht hinter der Gier herausfinden.

Abschied von Illusionen

Wenn ich in der Adventszeit mit meiner Sehnsucht in Berührung komme, dann kann ich mich verabschieden von Illusionen, die ich mir von meinem Leben gemacht habe. Sehnsucht hält mich davon ab, mein Leben mit Erwartungen zu überfordern und Menschen mit meinen Wünschen zu erdrücken. Ich kann mich aussöhnen mit meinem Alltag, so wie er ist. Die Sehnsucht führt mich über diese Welt hinaus. Es gibt in mir etwas jenseits der Welt, etwas, über das die Welt keine Macht hat. Die Sehnsucht befreit mich daher vom Verhaftetsein an die Welt. Ich akzeptiere, dass kein Mensch mir meine tiefste Sehnsucht erfüllen kann. Aus einer solchen Haltung heraus kann ich dem Menschen in Freiheit begegnen, ohne ihn durch überhöhte Erwartungen in ein festes Bild zu pressen. Die Sehnsucht ermöglicht mir eine vorurteilslose Offenheit andern gegenüber. So kann ich die Begegnung und die Beziehung genießen, ohne ständig mehr haben zu wollen. Der andere verweist mich auf Gott, ohne für mich Gott sein zu müssen. Die Adventszeit kann zur Schule einer tiefen und echten Begegnung mit anderen werden.

Eine Einladung zum Loslassen

Es geht nicht darum, gegen die Gier zu kämpfen. Denn wenn wir gegen sie kämpfen, weckt sie in uns immer neue Gegenkräfte. Wenn wir sie uns eingestehen und mit ihr ins Gespräch kommen, kann sie zu einem Antrieb werden, achtsamer zu leben, solidarisch mit anderen zu werden, dankbar das zu genießen, was Gott uns geschenkt hat. Und die Gier lädt uns ein, gelassener zu werden. Wir spüren, wie die Gier uns fest im Griff haben möchte. Wenn wir sie in uns wahrnehmen, ist sie immer wieder eine Einladung, all das Gierige in uns loszulassen und gelassen das dankbar anzunehmen, was Gott uns Tag für Tag schenkt.

Sucht verwandeln

Viele lehnen ihre Sucht ab. Und sie werten sich selbst ab, weil sie süchtig sind. Doch was ich in mir abwerte, das bleibt an mir hängen. Die abgelehnte Sucht erzeugt neue Sucht, um die Enttäuschung zu verbergen. Die Sehnsucht in der Sucht zu entdecken, ist viel behutsamer. Ich lehne meine Sucht nicht ab. Ich schaue sie mir an. Ich frage sie, welche Sehnsucht darin steckt. Was bezwecke ich mit meiner Sucht? Was möchte ich nicht anschauen in mir? Welche Enttäuschung möchte ich nicht akzeptieren und aushalten? Vielleicht zeigt mir das Trinken, dass ich mich nach einer guten Stimmung sehne, nach Freiheit von meinen Hemmungen, nach dem Gefühl, alles vergessen zu können, nichts leisten zu müssen, sondern einfach nur da zu sein. Und dann kann ich mich fragen, wie ich anders auf diese Sehnsucht antworten kann. Ich kann mich in eine gute Stimmung versetzen, wenn ich Musik höre, oder wenn ich einfach nur innehalte und in die Stille, in das Rauschen des Windes oder in den fallenden Regen hineinhorche. Wenn ich mir meine Sehnsucht auf Wegen stille, in denen ich frei und bei mir selbst bin, dann habe ich letztlich ein besseres Gefühl. Denn ich fühle mich frei. Ich bin bei mir. Ich verurteile mich nicht wegen meiner Sucht, sondern komme in Berührung mit der Sehnsucht, die darin steckt.

2. Tag
Verzicht und Freiheit

Adventsfasten

In den Klöstern des Mittelalters hat man vom Martinsfest, dem 11. November, bis Weihnachten gefastet und sich so auf das Kommen des Herrn vorbereitet. Auch heute gibt es viele Menschen, die sich in der Adventszeit eine Woche herausnehmen, um zu fasten. Andere verzichten in dieser Zeit bewusst auf Alkohol oder Süßigkeiten, damit sie an Weihnachten Gottes gute Gaben neu genießen können. Fasten ist mehr als bloß Verzicht. Wer Fastenerfahrung hat, der weiß, dass ihn eine Woche Fasten wacher und sensibler machen kann, dass er sich freier fühlt, lebendiger und offener. Aber die ersten Tage beim Fasten sind auch beschwerlich. Da muss ich mich bewusst dazu durchringen, mich innerlich darauf einstellen. Aber nach drei Tagen ist das Hungergefühl weg, und ich erlebe mich wacher und freier. Da fällt mancher Ballast nicht nur von meinem Leib, sondern auch von meiner Seele. Ich kreise nicht mehr um meine Probleme, sondern halte sie Gott hin. Fasten ist Ausdruck meiner Ohnmacht, dass ich die Probleme nicht selber lösen kann. Und indem ich mich in meiner Ohnmacht Gott überlasse, erfahre ich Gelassenheit und Freiheit.

Nicht über andere reden

Es ist eine alte Einsicht der Wüstenväter: »Du sagst, du verzichtest darauf, Fleisch zu essen. Aber du isst das Fleisch deiner Brüder, weil du ständig schlecht über sie redest.« Reden über andere ist ein Zeichen, dass ich nicht in Berührung bin mit mir. Ein alter Mönch sagt: »Wenn du dich selber kennst, dann vergeht dir das ständige Reden über die andern.« Dieses ständige Reden über die Schattenseiten anderer ist auch ein Zeichen, dass ich meine eignen dunklen Seiten nicht kenne. Mein guter Rat – nicht nur für die Fastenzeit – ist, dass, man bewusst versucht, über eine bestimmte Zeit hinweg, nicht über andere zu reden. Eine gute Übung! Wir merken: Da kommen wir wieder mit uns selber in Berührung. Wir sind nicht ständig bei den anderen, sondern bei uns.

Himmlisches Ende

Das arme und einsame Leben
ist zu Beginn schwierig,
mit fortschreitender
Verwirklichung einfach,
am Ende himmlisch.

Frühe Kartäuserbriefe

Alles ist im Herzen

Glück kann gerade im Nichtbesitz liegen
und im Besitzen gefährdet sein.
Was ich ersehne,
ist in meinem Herzen.

Der Engel des Verzichts möge dich beides lehren:
zu genießen, was dir an Gaben geschenkt ist,
und zu verzichten, um dich selbst innerlich frei zu fühlen
und um anderen den Genuss an dieser Welt zu gönnen.

3. Tag
Achtsam genießen

Genießen lernen

Wenn ich etwas wirklich genieße, dann bin ich nicht süchtig, sondern ganz im Genießen. Du kannst ein Stück Brot ganz langsam kauen und ganz im Genießen sein. Oder du gönnst dir ein Stück Schokolade und lässt sie ganz langsam auf der Zunge schmelzen und genießt ganz bewusst den süßen Geschmack. Wenn du dir Zeit lässt zum Genießen, dann wirst du dir nicht gleich ein neues Stück Schokolade in den Mund stecken, sondern den Geschmack noch lange genießen. Aber du brauchst zum Genießen nicht immer Schokolade. Sei ganz in deinen Sinnen: in deiner Haut, in deinen Augen, die die Schönheit des Morgens betrachten, in deinen Ohren, in deiner Nase. In diesem Spüren mit allen Sinnen bist du ganz bei dir. In diesem Augenblick bist du frei von Gier.

Eine Kunst, die gelernt sein will

»Wer nicht genießen kann, wird ungenießbar«, sagt ein Sprichwort. Das deutsche Wort »genießen« kommt eigentlich von »fangen, ergreifen«. Über das, was ich gefangen habe, kann ich verfügen. Da habe ich Nießbrauch. Es ist also ein Wort, das mehr vom Nutzen ausgeht und nicht von der Freude, die etwas vermittelt. Die Lateiner sprechen von »frui«. Und aus diesem Wort spricht mehr die Freude und die Lust an dem, was ich genieße. Genießen kann nur der, der sich Zeit lässt. Er bleibt stehen bei dem wunderbaren Anblick der untergehenden Sonne. er genießt den Blick vom Gipfel, den er mühsam bestiegen hat. Und er genießt den guten Wein, indem er sich den Geschmack auf der Zunge zergehen lässt. Genießen braucht neben der Zeit auch Achtsamkeit. Ich bin ganz in dem, was ich tue. Ich bin ganz im Schauen oder im Schmecken. Wer die Nahrung herunterschlingt, der genießt nicht. Er sättigt sich nur, um wieder genügend Kraft zum Arbeiten zu haben. Genießen ist etwas anderes. Da spüre ich das, was ich esse oder trinke. Ich freue mich daran. Genießen will gelernt sein. Es ist eine Kunst. Und Menschen, die zu genießen verstehen, sind immer angenehme Menschen. Ihnen bereitet das Leben Freude und sie machen auch anderen Freude.

Freude und Lebendigkeit

Askese ist die Voraussetzung dafür, dass wir das Leben genießen können, dass wir selber leben, anstatt von unseren Bedürfnissen gelebt zu werden. Entscheidend dabei ist die innere Grundhaltung. Und die müsste von Freude, Lust, Freiheit und Liebe geprägt sein. Anthony de Mello bringt ein Beispiel aus der indischen Weisheit: »›Nichts ist gut oder schlecht, solange es nicht das Denken dazu macht‹, sagte der Meister. Als er gebeten wurde, das näher zu erklären, sagte er: ›Ein Mann hielt fröhlich sieben Tage in der Woche ein religiöses Fastengebot ein. Sein Nachbar verhungerte bei der gleichen Diät.‹«

Was damit gemeint ist: Wenn Askese nicht mit echter Freude geübt wird, raubt sie uns die Lebendigkeit. Wenn aber die Freude am Leben uns zur Askese treibt, dann führt sie uns in die innere Freiheit, zur Lust am Leben und in eine Lebendigkeit hinein, die ansteckt und auch anderen hilft. Von den Umständen hängt also alles ab, nicht von einem Dogma. Nur wer frei ist, ist lebendig.

4. Tag
Askese und Glück

Askese kann guttun

Die Weisen in allen Religionen haben in der Reflexion ihres eigenen Lebens Wege entwickelt, wie das Leben gelingen kann. Übereinstimmung besteht – über alle kulturellen und zeitlichen Grenzen hinweg – darin: Das geht nicht, ohne sich auch zu begrenzen oder auf manches zu verzichten. Askese und Glück sind keine Gegensätze. Wir sollen nicht verzichten, weil uns die Religion oder irgendein Gesetz etwas nicht gönnt, sondern weil wir auf Dauer glücklich sein wollen.

Sich freuen

Die Askese führt mich nur dann weiter, wenn ich liebevoll mit mir umgehe. Dann höre ich auf, über mich und meine Begrenzungen zu jammern. Ich nehme meine Grenzen an. Aber ich habe Lust auf Askese, das heißt: Ich habe Lust, an mir zu arbeiten, damit die Grenzen sich etwas ausweiten und mir mehr Raum zum Leben geben. Und umgekehrt ist richtig verstandene Askese die Kunst, sich immer freuen zu können. Ja, Askese steigert die Lust am Leben.

Loslassen

Lassen soll der Mensch vor allem sich selbst, sein Ego, sein Imponierenwollen. Denn am Festhalten an sich selbst liegt die Wurzel alles An-sich-Bindens. Dieses An-sich-Festhalten führt zur Verkrampfung, zum Druck, sich beweisen zu müssen. Wer frei ist von diesem Druck, der ist gelassen: Er kann lässig zu sich stehen, ohne Krampf, ohne Druck, ohne Anstrengung. Das Lassen ist die Bedingung, dem anderen wirklich in Freiheit zu begegnen und ihn dabei selber freizulassen. Ich lasse ihn, wie er ist.

Fasten würzt den Genuss

Wie der Durst den Trunk angenehm und ein vorausgehender Hunger das Mahl wohlschmeckend macht, so würzt auch das Fasten den Genuss der Speisen. Denn es tritt zwischenherein und unterbricht den anhaltenden Genuss köstlicher Speisen und lässt dir deren Genuss, der unterbrochen worden, um von neuem begehrenswert zu erscheinen. Willst du dir also einen wohlschmeckenden Tisch bereiten, so versteh dich zu einer Abwechslung mit Fasten! Du aber, zu sehr in der Genuss-Sucht gefangen, verdirbst dir, ohne es zu wissen, den Appetit für die Leckerbissen und bringst dich mit deiner Genuss-Sucht um den Genuss.

Basilius der Große

5. Tag
Mein Maß finden

Das Ziel

Das Ziel des rechten Maßes ist die Ruhe der Seele, die innere Ausgeglichenheit, der Einklang mit mir selbst. Doch das erreiche ich nur, wenn ich alles in mir richtig ordne.

Das rechte Maß zu finden heißt, die Spannung zu entdecken, die in mir Energie erzeugt. Weder Überspannung noch Unterspannung tut mir gut, sondern allein das Maß, das Gott mir zugemessen hat. Um es zu entdecken, muss ich freilich bis an die Grenzen des Maßes gehen. Sonst werde ich es immer zu klein bemessen.

Ein Weg

Es braucht im Umgang mit uns selbst die alten Haltungen der Demut und des rechten Maßes. Nur dann werden wir einen Weg finden, uns mit uns auszusöhnen, Ja zu sagen zu uns, so wie wir sind, und zugleich die Hoffnung nicht aufzugeben, dass wir innerlich weiter wachsen werden und immer mehr in die Gestalt hineingeformt werden, die sich Gott von uns gemacht hat.

Eine geistliche Aufgabe

In der Maßlosigkeit überfordert sich der Mensch. Er verliert das Gespür für seine Grenzen und für eine gesunde Selbstbeschränkung. Ja er hat auch kein Maß mehr für die Selbsteinschätzung. Und so entsteht der Mythos vom Supermenschen, der immer fit ist und immer etwas bringt, der immer funktioniert und den Anforderungen der Berufswelt gewachsen ist. Es ist der Mythos vom unverwüstlichen starken Mann, der keine Schwächen hat oder sie zumindest nicht zeigt, vom coolen Typ, der alles an sich ablaufen lässt und durch nichts zu erschüttern ist. aber dass er dabei seine Lebendigkeit verliert, dass man so einem Menschen nicht begegnen und ihn nicht lieben kann, das wird übersehen. Und die Funktionsfähigkeit wird erkauft durch Verdrängen des Schattens und Verleugnen der Schwächen. Oft wird sie nur durch Psychopharmaka aufrechterhalten, die das Unangenommene zurückdrängen. Für diese Scheinlösung bezahlt der Mensch häufig mit einem totalen Zusammenbruch, Zeichen dafür, dass der Mensch nicht ungestraft sein Maß überschreiten darf.

Des Menschen Glanz

Wir haben in uns die Tendenz, alles maßlos zu betreiben. Wer vom Sport fasziniert ist, gerät in Gefahr, ihn ohne Maß zu praktizieren. Wem das Essen gut schmeckt, der möchte immer mehr. Geld und Besitz haben die Tendenz, in uns eine maßlose Gier danach zu entfachen. Und auch in der Selbsteinschätzung finden wir oft nicht das rechte Maß: Wir haben hohe Idealbilder von uns entwickelt und möchten nicht wahrhaben, dass unsere Realität diese Ideale nicht erreicht. Es ist schmerzlich, auch in der Selbsteinschätzung das rechte Maß zu wahren. Doch wir machen die Erfahrung, dass uns maßvolle Menschen anziehen. Wer hingegen das rechte Maß verloren hat, mit dem er sich selbst misst, macht auf uns einen eher peinlichen Eindruck. Er überschätzt sich selbst. Er meint, er würde mehr als alle anderen arbeiten. Doch wenn wir sein Maß prüfen, ist es eher bescheiden. Auf solche Menschen kann man sich nicht gut verlassen. Abbas Poimen, Mönchsvater aus dem vierten Jahrhundert, sagt: »Es ist wie eine große Ehre, dass der Mensch sein Maß kennt.« Das macht den Glanz des Menschen aus, dass er sein Maß kennt und so lebt, wie es seinem Maß entspricht.

6. Tag
Vom Sinn und Unsinn des Wünschens

Wünsche halten uns lebendig. Es gibt zwar Menschen, die wunschlos glücklich sind. Aber die Gefahr ist, dass sie sich vorschnell zufrieden geben mit dem, was sie erreicht haben. Wünsche, deren Erfüllung man gar nicht abwarten kann, gehen über das Vordergründige hinaus. Sie zielen auf das wahre Glück, das wir nicht in diesem Leben, sondern erst in der Vollendung erfahren. Manchmal aber müssen wir uns einen Wunsch erfüllen, um zu sehen, dass seine Erfüllung unsere tiefste Sehnsucht nicht stillt.

Wünschen, das soll man nicht aufgeben.
Ich glaube, es gibt keine Erfüllung,
aber es gibt Wünsche,
die so lange vorhalten,
das ganze Leben lang,
dass man die Erfüllung
doch gar nicht abwarten könnte.

Rainer Maria Rilke

Was in Wünschen steckt

Fragen wir uns: Was wünschen wir wirklich? Was brauchen wir? Wonach trachten wir, was möchten wir gewinnen? Wenn wir alle unsere Wünsche zulassen, entdecken wir oft genug, dass wir eigentlich dankbar sein dürfen für das Leben, das Gott uns geschenkt hat. Im Wünschen steckt die Ahnung, wir könnten uns und unsere Welt von Neuem erschaffen. Aber zugleich spüren wir, dass diese Welt, dass unser Leben gar nicht so schlecht ist, wie wir es oft genug darstellen.

Überlege Dir, was dein tiefster Wunsch an jeden einzelnen deiner Freunde und Bekannten ist. Dann wird dein Wunsch das Herz der Menschen erreichen. Er wird mehr sein als Ausdruck von Höflichkeit. In ihm drückt sich Deine Liebe aus, die das Leben des andern mit ihren Wünschen und Hoffnungen verzaubern kann.

*

Klopf an den Himmel
und dann hör auf den Klang.

Koan eines japanischen Zenmeisters

Feuer im Herzen

Wenn wir unsere Lebendigkeit messen könnten, so wäre der Maßstab sicher unser Berührtsein vom heiligen Einen, dem unerschöpflichen Feuer im Herzen aller Dinge.

David Steindl-Rast

Wünsche für diesen Advent

Ich wünsche Ihnen, dass Sie in diesem Jahr die Adventszeit als Zeit der Erhellung Ihrer Dunkelheit und als Zeit der Verwandlung Ihrer inneren Befindlichkeit erfahren und so in der Stille neue Hoffnung schöpfen, dass alles gut wird mit Ihnen.

Und ich wünsche Ihnen dass Sie im Warten auf das Kommen Jesu Christi entdecken, was Ihre Wahrheit ist und welche Möglichkeiten in Ihnen stecken, anders in diese Welt hineinzuwirken. Mein Wunsch ist, dass Sie an Weihnachten in Ihrem eigenen Herzen ankommen und dort Christus entdecken als den, der in Ihnen geboren wird und alles in Ihnen erneuert.

Ich wünsche Ihnen, dass Gottes Segen Sie begleitet und Sie in immer größere Lebendigkeit, Freiheit und Liebe hineinführen möge.

7. Tag
Geben und Schenken

Vom sinnvollen Schenken

Der Brauch, sich an Weihnachten zu beschenken, ist uralt. In Rom beschenkte man sich gegenseitig an Neujahr. Im Mittelalter war es entweder der Nikolaustag oder aber Weihnachten, an dem vor allem der Gutsherr seinen Angestellten Lebensmittel schenkte. Und immer noch ist der Brauch des Schenkens sinnvoll: Wenn Gott sich uns an Weihnachten schenkt, ist es angebracht, dass auch wir einander etwas schenken. Wenn Gott uns Menschen mit seinem eigenen Sohn beschenkt, dann ist es sinnvoll, den Glauben an dieses einmalige Geschenk Gottes in einem gegenseitigen Schenken auszudrücken. Bei vielen Menschen hat sich das weihnachtliche Schenken verselbständigt. Es ist zwar noch an den Termin von Weihnachten gebunden, hat aber nichts mehr mit dem Geheimnis von Weihnachten zu tun.

Was wir einander schenken könnten

Unsere Geschenke würden dann dem Sinn des Weihnachtsfestes entsprechen, wenn wir dem andern etwas von uns selbst schenken. Es kann unsere Zeit sein, unsere Liebe. Die kann sich durchaus ausdrücken in einem Geschenk, das wir im Kaufhaus erwerben. Aber wir haben unsere eigenen Gedanken, unsere Liebe, unser Mitgefühl für den andern hineingelegt. Wir haben es bewusst für ihn ausgesucht. Aber es muss nicht immer etwas Gekauftes sein. Wir können das, was für den andern empfinden, auch in einem Brief oder in einem Symbol ausdrücken, in das wir unsere ganze Liebe und Zuneigung hineinlegen. Jesus ist als Kind in diese Welt gekommen. Er bringt uns in Berührung mit dem ursprünglichen Bild, das Gott sich von uns gemacht hat. So soll unser Weihnachtsgeschenk die Botschaft vermitteln: »Du bist einmalig, wie du bist. Lebe das einzigartige und ursprüngliche Bild, das Gott sich von dir gemacht hat.«

Vom Glück des Gebens

Höchstes Glück ist doch, zu spenden
Denen, die es schwerer haben
Und beschwingt, mit frohen Händen
Auszustreun die schönen Gaben.
Schöner ist doch keine Rose
Als das Antlitz des Beschenkten
Wenn gefüllet sich, o große
Freude, seine Hände senkten.

Nichts macht doch so gänzlich heiter
Als zu helfen allen, allen!
Geb ich, was ich hab, nicht weiter
Kann es mir doch nicht gefallen.

Bertolt Brecht

Nehmen, Geben

Nehmen. Geben. Wer zu rechnen liebt,
Der wird nie auf seine Rechnung kommen.
Leben lehrt: wer einen Finger gibt,
Dem wird gleich die ganze Hand genommen.

Gabst du? Wohl, du gabst. Nun warte nicht,
Daß die Jahre dir die Schuld begleichen.
Wags, ob auch die Klugheit widerspricht,
Soll und Haben kühnlich auszustreichen.

Dieses nur. Dann leg den Stift beiseit,
Armut wird dich unversehns versöhnen,
Ja, sie selbst, die karge Endlichkeit,
Will dich ans Unendliche gewöhnen.

Albrecht Goes

Die besten Geschenke

In diesen Tagen, in denen wir Weihnachtsgeschenke vorbereiten, fällt mir ein: Geschenke wollen wie Spuren hinterlassen werden, nicht wie Denkmäler, die Spender sich selber setzen.

Sind nicht die besten Geschenke wie Spuren der Liebe von jemandem, der uns vorangeht? In dem Raum, der zurückbleibt, können die Beschenkten sich selber frei entfalten.

Daß wir einander an Weihnachten beschenken, deutet darauf hin, daß wir *alle* Geburtstag haben. In jedem Menschenkind hat ja zu Weihnachten der Mensch schlechthin, der Gott-Mensch, seinen Geburtstag.

Geschenk ist immer die Gelegenheit, die es enthält. Meistens ist es die Gelegenheit, sich zu freuen und den Augenblick zu genießen.

David Steindl-Rast

4. Woche

Von der Nacht und vom Licht

Die Mitte der Nacht ist der Anfang des Tages,
Die Mitte der Not ist der Anfang des Lichts.

Aus dem Weihnachtshymnus

Nacht auf Erden

Noch ist es Nacht auf Erden,
Noch herrscht die Dunkelheit;
Spät will es lichte werden
In dieser kalten Zeit.
Entzünde, Herr, mein Licht!
Mit deinem Glanz der Güte
Mit Strahlen im Gemüte,
Im Dunkel lass mich nicht.

Aus Finsternis und Grauen
Errette mir den Geist,
Lass heller stets mich schauen,
Was mich zum Himmel weist.
Lass aus der bangen Nacht,
In der wir irrig gehen,
Mich stets nach oben sehen,
Woher der Morgen lacht.

Lass deine Strahlen fallen
In meinen dunkeln Sinn;
Lehr' selbst den Weg mich wallen
Zu himmlischem Gewinn.
Herr, ohne deinen Strahl
Muss Dunkel mich verwirren,
Und immer müsst' ich irren
Im düstern Schattental.

Gottfried Wilhelm Fink

Ein Weglicht

Was ich dir zum Advent schenken möchte:
Einen Orgelton wider den finsteren Morgen,
Meinen Atem gegen den Eiswind des Tags,
Schneeflocken als Sternverheißung am Abend.
Und ein Weglicht für den verlorengeglaubten
Engel, der uns inmitten der Nacht
Die Wiedergeburt der Liebe verkündet.

Christine Busta

Ich werde das Licht lieben,
denn es beleuchtet meinen Weg –
und ich werde die Dunkelheit ertragen,
denn sie zeigt mir die Sterne.

Augustine Og Mandino

1. Tag
Noch ist es Nacht auf Erden

Düstere Zeiten

Wir können uns auch heute in der Adventszeit nicht in eine heile Welt zurückziehen. Zu sehr beunruhigen uns die Nachrichten, die wir von militärischen Auseinandersetzungen und Bürgerkriegen, von Seuchen und Naturkatastrophen, von weltweitem Elend hören. Sollen wir die Ohren und Augen verschließen, um uns in die traute Welt des Advents zu begeben? Das wäre eine fromme Flucht. Aber angesichts all der Not, von der wir hören, eine Kerze anzuzünden und sich vor sie in aller Stille hinzusetzen, das ist keine Flucht. Das bringt vielmehr in das Chaos dieser Welt wieder Licht. Wir schauen angesichts unserer aus den Fugen geratenen Welt in das milde Licht einer Kerze und fragen uns: Was hat Weihnachten mit dieser Welt zu tun? Wie weit hat das Kommen Jesu diese Welt verwandelt? Und wie könnte das Kommen Jesu in mein Herz jetzt die Welt um mich herum verwandeln?

Das große Licht

Die wir in Todes Schatten
So lang gesessen sind
Und kein Erleuchtung hatten,
In Gottes Sachen blind,
Und kunnten nichts verstehen,
Nicht Gnaden noch Gericht,
Sehn über uns aufgehen
Anjetzt ein großes Licht.

Ein Licht, dadurch wir schauen
In Gottes Herz hinein,
Dass er in Zuvertrauen
Der unsre nun will sein,
Ein Licht, das heftig brennet
In unser Fleisch und Blut,
Dass sich ein Mensch erkennet
Und was für Sünd er tut.

Ein Licht, das plötzlich fähret
Tief in der Gräber Nacht
Und uns den Tod erkläret
Mit aller seiner Macht,
Das uns vor Augen malet,
Wie nichts sei Welt und Zeit,
Und wie vor allen strahlet
Der Glanz der Ewigkeit.

Simon Dach (1605–1659)

Die eigene Finsternis anschauen

Georg Friedrich Händel lässt den Bass in seinem Oratorium *Der Messias* die wunderbare Arie singen: »Das Volk, das da wandelt im Dunkeln, es sieht ein großes Licht. Und die da wohnen im Schatten des Todes, ein strahlend Licht bescheinet sie« (nach Jesaja 9,1).

Im Dunkeln wandeln, in der Finsternis leben, das ist Bild für ein Dasein, das die Orientierung verloren hat, dessen Stimmung sich verdunkelt hat. Es hat sich ein Schleier auf die Seele gelegt. In diese Situation hinein hören wir die tröstenden Worte des Propheten Jesaja: Gott hat sein Volk nicht vergessen.

Advent bedeutet: den Mut finden, die eigene Finsternis anzuschauen und sie in das Licht Gottes zu halten. Lassen Sie das Licht in Ihre Dunkelheit und in die Finsternis um Sie herum dringen und erfahren Sie tief in Ihrem Herzen das Licht, das alles Finsternis aus Ihnen vertreibt.

Wenn jemand des Weges sicher sein will, auf dem er geht, muss er die Augen schließen und im Dunkeln gehen.

Johannes vom Kreuz

Gebet für die Adventszeit

Herr lass mich trachten:
Nicht, dass ich getröstet werde, sondern dass ich tröste;
Nicht, dass ich verstanden werde, sondern, dass ich verstehe;
Nicht, dass ich geliebt werde, sondern dass ich liebe.
Denn wer da hingibt, der empfängt;
Wer sich selbst vergisst, der findet;
Wer verzeiht, dem wird verziehen;
Und wer stirbt, erwacht zum ewigen Leben.

Dem heiligen Franziskus zugeschrieben

2. Tag
Licht, das unser Leben erhellt

Zerschlagen, nicht erloschen

Du trittst mich, singt der Schnee,
Mir aber tuts nicht weh:
Ich knirsche nicht, ich singe;
Dein Fuß ist wie der Bogenstrich,
Dass meine *Seele* klinge.
Hör und verstehe mich –:
Getreten singe ich,
Und nichts als frohe Dinge.
Denn, die getreten sind,
Wissen, es kam ein Kind,
Gar sehr geringe,
In einem Stall zur Welt:
Das hat sein *Herz* wie ein leuchtendes Licht
In große Finsternis gestellt.

Es wurde zerschlagen. Verloschen ists nicht.

Otto Julius Bierbaum (1865–1910)

Gottes dunkle Verborgenheit

Gottes Verborgenheit hört niemals auf. Seine Offenbarung erhellt zwar unser Dunkel, aber erhelltes Dunkel bedeutet Zwielicht – mehr ist dem Glauben nicht beschieden. Man muss sich hinhalten und muss es aushalten: »Ach ja, Gott!« – dann kann es geschehen, dass seine Zusage sich erfüllt: »Meine Kraft ist in den Schwachen mächtig.«

Entsprechend heißt es vom Wort Gottes in der Bibel, dass es eine Leuchte zu unseren Füßen sei, also eine Laterne, die unsere nächsten Schritte erhellt, aber kein kosmischer Scheinwerfer, der die Weltgeschichte bis in ihre letzten Ecken und Winkel ausleuchtete. Und so bleibt es bei dem Widerspruch, den der Prediger Salomo so beschreibt: »Gott hat den Menschen die Ewigkeit ins Herz gelegt – nur dass der Mensch nicht ergründen kann das Werk, das Gott tut, weder Anfang noch Ende« (Koh 3, 11).

Wir sehnen uns und wissen nicht, wonach wir uns sehnen – trotzdem sehnen wir uns. Wir hoffen und wissen nicht, worauf wir hoffen – trotzdem hoffen wir. Wir sind unterwegs und wissen nicht, wohin des Wegs – trotzdem bleiben wir auf dem Weg. In uns ist etwas, das sich sehnt, das hofft, das uns treibt. Wir wissen nichts von Gott – aber unser Nichtwissen ist ein Nichtwissen von *Gott.*

Heinz Zahrnt, Glauben

Wort, das die Finsternis vertreibt

Vielleicht haben Sie es schon einmal erlebt, dass für Sie ein Wort zur Leuchte geworden ist. Sie waren sich selbst entfremdet. Da hat ein Wort, das sie gehört haben, Sie wieder in Berührung gebracht mit Ihrem Herzen. Oder Sie waren orientierungslos. Ein Wort wurde zum Wegweiser. Alles war in Ihnen dunkel, wie von Nebelschwaden umhüllt. Da wurde ein Wort zum Licht, das Ihr Dasein erhellt. Jesus sagt von sich, dass er das wahre Licht ist, das die Menschen erleuchtet. Er spricht zu uns Worte, die das Antlitz aufhellen. Auf einmal verstehen wir uns selber besser. Wir blicken durch. Wir tappen nicht mehr im Dunkel.

Advent heißt: Worte hören, die das Herz berühren
und alle Finsternis daraus vertreiben.

Licht der Güte

Im Advent haben wir das Fest des heiligen Nikolaus gefeiert. Es stellt uns den väterlichen Menschen vor Augen, der ein Gespür hat für die Not der Menschen und ihnen tatkräftig hilft. Im Bezug auf Weihnachten, dieses hohe Fest der Liebe, können wir auch das eigentliche Geheimnis dieses Heiligen verstehen: Er ist ein Mensch, der ganz und gar Liebe geworden ist, der Milde und Güte ausstrahlt, der zupackt, wenn Menschen in Not sind, und der Mitleid hat, der unauffällig hilft.

In meiner Zelle habe ich eine Ikone des heiligen Nikolaus. Wenn ich sein Gesicht betrachte, so habe ich den Eindruck: Dieser Mann liebt nicht nur die Menschen, er ist Liebe. Alles in ihm strahlt diese Liebe aus. Sie hat Bischof Nikolaus dazu geführt, überall dort einzugreifen, wo Lieblosigkeit, Kälte und Ungerechtigkeit herrschten. Mein Wunsch für den Advent: Ich möchte wie Nikolaus von Güte und Liebe erfüllt sein und Licht in das Leben anderer hineintragen.

3. Tag
Das wahre Licht

Erhellung des Daseins

Johannes beschreibt das Wort Gottes, das in Jesus Mensch geworden ist, als Licht, das in die Welt kommt: »Das wahre Licht, das jeden Menschen erleuchtet, kam in die Welt.« (Joh 1,9) In diesem armen und hilflosen Kind in der Krippe und dann später in dem Menschen Jesus leuchtet Gottes Licht für uns auf. Jesus selbst wird sich in seiner Verkündigung mit dem Licht identifizieren: »Ich bin das Licht der Welt. Wer mir nachfolgt, wird nicht in der Finsternis umhergehen, sondern wird das Licht des Lebens haben.« (Joh 8,12) Die Worte, die Jesus spricht, sind für uns Licht. Sie erhellen unser Dasein. Sie geben uns Orientierung in unserer Orientierungslosigkeit. Sie geben unserem Leben einen anderen Geschmack. Rudolf Bultmann nennt die neue Erfahrung unseres Lebens durch die Begegnung mit Jesus Christus: »Erhellung des Daseins«. Auf einmal verstehen wir, wer wir sind. Wir können das Geheimnis unseres Lebens nicht mit Worten beschreiben. Aber auf einmal wird uns alles klar. In der Tiefe unseres Herzens ist es hell geworden.

Bild der Sonne

Dort, wo in uns die Dunkelheit die größte Macht hat, wird Christus geboren als Licht für die Welt. Und dort wird alles von seinem Licht erleuchtet. Paul Gerhard hat dieses Bild der Sonne in seinem wunderbaren Lied »Ich steh an deiner Krippe hier« auf die Geburt Christi bezogen: »Ich lag in tiefster Todesnacht, du warest meine Sonne, die Sonne, die mir zugebracht Licht, Leben, Freud und Wonne. O Sonne, die das werte Licht des Glaubens in mir zugericht, wie schön sind deine Strahlen.« Paul Gerhard versteht das Geschehen von Weihnachten als persönliches Erlebnis von Verwandlung. Die eigene Todesnacht, die Verzweiflung des Herzens, die depressiven Stimmungen werden durch Weihnachten verwandelt in Licht, Leben, Freud und Wonne. Indem wir dieses Lied singen, wächst in uns die Hoffnung, dass es auch in uns so geschieht, wie wir es besingen. Im Singen strahlt die Sonne auch in unser Herz, damit in uns Weihnachten wird.

Wir werden die Faszination des weihnachtlichen Lichtes nur erfahren, wenn uns wir zugleich unserer Dunkelheit stellen, den finsteren Abgründen unserer Seele und der Dunkelheit um sie herum.

Licht erfahren

Die frühen Mönche sprechen davon, dass wir in der Meditation unser inneres Licht sehen können. Im Schauen des inneren Lichtes sehen sie das Ziel des geistlichen Weges. Dieser Weg führt aber zuerst über das Anschauen unserer Leidenschaften und Bedürfnisse, unserer inneren Dunkelheit. Auf dem Grund unserer Seele aber leuchtet das göttliche Licht, das wir manchmal in der Kontemplation zu schauen vermögen.

Setzen Sie sich einmal am Abend still in Ihre Gebetsecke und zünden Sie eine Kerze an. Dann schauen Sie auf die Kerze, aber zugleich auch in sich selbst hinein. Zunächst werden Sie in sich auf viele Gedanken stoßen, Gedanken über den heutigen oder morgigen Tag. Dann werden Sie auf Gefühle stoßen, auf Ärger, Eifersucht, Neid, Angst, vielleicht auch auf Traurigkeit. Lenken Sie Ihren Blick immer tiefer. Halten Sie sich nicht bei den Gefühlen und Leidenschaften auf. Dann werden Sie auf fromme Gedanken und Bilder treffen. Vielleicht fühlen Sie sich wohl bei diesen Gedanken über Gott und bei den Bildern von Gott. Aber – so mahnt uns Evagrius Ponticus, der Mönchsschriftsteller aus dem 4. Jahrhundert – wir sollen noch tiefer in uns eindringen. Auf dem Grund unserer Seele werden wir dann das innere Licht schauen. Es ist der Glanz unserer Seele, die Schönheit unseres wahren Selbst. Und zugleich ist es das Licht Gottes: ein unzerstörbares Licht, das alles in Ihnen wärmt und erhellt.

4. Tag
Sterne – Licht aus der Höhe

Leuchten in der Nacht

Wenn alles in uns dunkel ist, dann gibt uns der Stern Orientierung. Es ist ein bezauberndes Licht, das ein Stern ausstrahlt. Es vermittelt uns Liebe und Zuneigung. Und das Licht des Sternes verweist uns auf die Heimat. Dort, wo Christus geboren wird, entsteht Heimat. Nur wo das Geheimnis wohnt, können wir daheim sein. Die Juden hatten die Vorstellung, dass jeder Stern von einem Engel behütet wird. Das Licht des Sternes will uns daher vermitteln, dass wir von Gott behütet sind, dass ein Engel über uns wacht und uns behütet und beschützt. Wenn Sie Weihnachtssterne in Ihrer Wohnung aufhängen, dann sollten Sie immer an die Bedeutung des Sterns denken. Dann soll der Stern Ihnen vermitteln, dass Gott, das Geheimnis, auch in Ihrem Hause wohnt, und dass Sie behütet und gesegnet sind von Gott und seinen Engeln.

Licht aus der Höhe

Wenn wir im Advent die Fenster unserer Wohnungen schmücken, ist das ein Symbol. Der Stern am dunklen Himmel ist ein Bild für unser tiefes Verlangen: Symbol für das göttliche Licht, das in die menschliche Dunkelheit hineinstrahlt. Über der Krippe in Bethlehem und in der Geschichte der Weisen aus dem Morgenland, die dem Stern folgen, werden wir ihm wiederbegegnen. Wir schmücken im Advent die Fenster unserer Wohnungen mit diesem Symbol, um unsere Sehnsucht nach Geborgenheit und Licht auszudrücken, unser Verlangen nach dem, was unser Herz zutiefst erfüllen und befriedigen kann. Das hat immer mit Liebe zu tun. Für Augustinus ist die Sehnsucht eine Grundbefindlichkeit des Menschen. In aller irdischen Sehnsucht klingt eine letzte Sehnsucht nach Gott mit. Unser eigentliches Verlangen weist über das Alltägliche und Banale hinaus. Es zeigt eine Ahnung davon, dass wir uns nur dann dem Kampf des Lebens stellen können, wenn wir in uns selbst daheim sind. Wir sind es, wenn wir das Geheimnis wahrnehmen, das in uns wohnt. Die Sterne sind also mehr als bloße Wohnungsdekoration. Sie erinnern uns an dieses Geheimnis, in dem wir letztlich daheim sind.

Der Morgenstern

Die Nacht ist vorgedrungen,
der Tag ist nicht mehr fern.
So sein nun Lob gesungen
dem hellen Morgenstern.
Auch wer zur Nacht geweinet,
der stimme froh mit ein.
Der Morgenstern bescheinet
auch deine Angst und Pein.

Jochen Klepper

Der evangelische Autor Jochen Klepper, der mit einer jüdischen Frau verheiratet war, hat während des »Dritten Reiches« viele evangelische und katholische Christen berührt mit seinen Liedern, die schon unmittelbar nach Erscheinen gerne gesungen wurden. »Die Nacht ist vorgedrungen ...« Diese Nacht war für ihn sicher ein Bild für die politische Situation im Jahre 1938. Die Juden wurden verfolgt. Es galt kein Recht mehr. Doch die Nacht bleibt nicht ewig, so vertraute Jochen Klepper. Er erinnert an all das Leid, das er in der eigenen Familie erlebt hat und das er von den vielen Menschen kannte. Die Worte des Liedes sind nicht in eine heile Welt hinein gesprochen, und sie versprechen uns auch keine heile Welt. Doch mitten im Weinen dürfen wir vertrauen, dass Christus, der Morgenstern, aufgeht in unsern Herzen. Dann verlieren Angst und Pein ihre Macht. Sie haben uns nicht mehr im Griff. Sie wandeln sich im Licht des Morgensterns.

Glanz des unversehrten Lichtes

In den letzten sieben Tagen vor Weihnachten singen wir Mönche im Abendgottesdienst die altehrwürdigen »O-Antiphonen«. Diese Verse haben eine eigene Melodie, die ganz langsam und feierlich gesungen wird. Am 21. Dezember lautet der Vers:

O Morgenstern, Glanz des unversehrten Lichtes,
der Gerechtigkeit strahlende Sonne:
Komm und erleuchte, die da sitzen
in Finsternis und im Schatten des Todes.

Wir wissen, dass das Licht der Kerze nach einiger Zeit erlischt, und auch die Sonne geht am Abend unter. In Christus leuchtet uns der Glanz eines Lichtes auf, das nicht untergehen, nicht verdunkelt, nicht verstellt werden kann. Es bleibt unversehrt, weil es göttlich ist. Dieses unversehrte Licht soll in der Adventszeit uns erleuchten, die wir »sitzen in Finsternis und im Schatten des Todes«. Wir rufen zu diesem unversehrten Licht, dass es zu uns kommen möge. Es erfüllt unsere tiefste Sehnsucht nach einem Licht, das nicht von uns genommen werden kann, die Sehnsucht, einmal für immer im Licht sein zu dürfen.

Der helle Schein

O klare Sonn, du schöner Stern,
dich wollten wir anschauen gern;
o Sonn, geh auf, ohn' deinen Schein
in Finsternis wir alle sein.

Friedrich Spee

In den Wirren des dreißigjährigen Krieges dichtete der Jesuit Friedrich Spee das bekannte Adventslied »O Heiland, reiß die Himmel auf«. Mitten in einem grausamen Krieg, in dem alle Ordnung durcheinandergeriet und man sich an nichts mehr halten und auf nichts mehr verlassen konnte. In dieser dunklen Zeit schaut der Dichter auf zu Jesus Christus. Voller Sehnsucht bittet dieses Lied, dass Christus als Sonne aufgehen möge über unserem Leben und alle Finsternis vertreibe. Denn ohne den Schein Jesu Christi bleiben wir alle in Finsternis. Da sehen wir nur, was wir jeden Tag in der Zeitung lesen oder im Fernsehen anschauen. Aber diese Bilder von Härte und Grausamkeit machen uns eher krank. Jesus Christus ist die Sonne, die uns gesund macht, die unsere Angst vertreibt, die uns leben lässt mitten in einer Zeit, die zwar weit entfernt ist von der Trostlosigkeit des dreißigjährigen Krieges, für viele aber dunkel genug, um sie niederzudrücken. Der Blick auf Jesus Christus, die wahre Sonne, richtet uns auf.

5. Tag
Licht und Leben

Wärme und Liebe

Das Licht der Kerze erhellt nicht nur, es wärmt auch. Es bringt mit der Wärme Liebe in Dein Zimmer. Es erfüllt Dein Herz mit einer Liebe, die tiefer und geheimnisvoller ist als die Liebe der Menschen, mit denen Du Dich verbunden weißt. Es ist eine Liebe, die aus göttlicher Quelle strömt, eine Liebe, die nie versiegt, die nicht so brüchig ist wie die Liebe zwischen uns Menschen. Wenn Du dieses Licht in Dein Herz dringen lässt, dann kannst Du Dir vorstellen, dass Du ganz und gar geliebt bist, dass die Liebe alles in Dir liebenswert macht. Es ist letztlich Gottes Liebe, die Dir da entgegenleuchtet. Das Licht der Kerze entsteht, indem das Wachs verbrennt. Das ist ein Bild für eine Liebe, die sich verzehrt. Sie kann sich verzehren, weil genügend Wachs vorhanden ist. Sie braucht nicht zu sparen. Aber manchmal muss man den Docht zurechtschneiden. Sonst wird die Flamme zu hoch und rußt. Es gibt auch eine Liebe, die zu laut ist, in der Du Dich verausgabst. Sie tut dann nicht nur Dir, sondern auch dem andern nicht gut. Er spürt den Ruß in der Liebe, die Nebenabsichten, das zu sehr Gewollte und Gemachte, das den andern nicht erhellt, sondern eher einrußt.

Das innere Licht schauen

Der Schein der Kerzen erinnert uns daran: Wir tragen in uns ein Licht, das immer scheint und das immer seine heilende Wirkung auf unseren Leib und unsere Seele entfaltet, wenn wir ihm Raum geben. Christus, das wahre Licht, ist in jedem von uns.

Das Symbol der adventlichen Kerze besagt also: Wir sollen den Mut finden, die eigene Finsternis anzuschauen und sie in das Licht Gottes zu halten. Gott hat mich nicht vergessen in meiner Dunkelheit. Er selbst ist das Licht, das meine Nacht erhellt. Wenn ich ihn eintreten lasse in mein Herz, vertreibt er alle finsteren Gedanken. Dann wird es in mir hell.

Flamme, die zum Himmel steigt

Von Mönchsvätern in der Wüste wird erzählt, dass ihre Finger beim Beten zu Feuerflammen wurden. So ist die brennende Kerze ein Bild für unser Beten. Es ist ein beliebter Brauch, dass Pilger am Wallfahrtsort eine Kerze entzünden und sie auf den Altar oder vor eine Marienstatue stellen. Sie drücken damit ihren Glauben aus, dass ihr Gebet weitergeht, solange die Kerze brennt. Und sie hoffen, dass durch ihr Gebet Licht in ihr eigenes Leben kommt und in das Herz der Menschen, für die sie diese Kerze anzünden. Da haben sie den Eindruck, sie können noch etwas für den andern tun und ihre Verbundenheit ausdrücken. Auch wenn ihnen das Beten schwerfällt, die brennende Kerze ist eine Art Gebet ohne Worte. Dieses wortlose Gebet ist ihnen noch möglich.

Wie die Sonne sich ergießt

Du brauchst Gott weder hier noch dort zu suchen:
Er ist nicht ferner als vor der Tür des Herzens.
Da steht er und harrt und wartet, wen er bereit finde,
der ihm auftue und ihn einlasse.
Du brauchst ihn nicht herbeizurufen:
Er kann es weniger erwarten als du, dass du ihm auftust.
Wo und wann Gott dich bereit findet,
muss er wirken und sich in dich ergießen:
ganz so, wie wenn die Luft lauter und rein ist,
die Sonne sich in sie ergießen muss
und sich dessen nicht enthalten kann.
Es ist ein Augenblick: Das Bereitsein und das Eingießen.

Meister Eckhart

6. Tag
Licht der Welt

Ihr seid das Licht der Welt

Der Satz Jesu: »Ihr seid das Licht der Welt« bedeutet mehr als das Weitergeben einer Lehre, wie erhellend die Botschaft auch sein mag. Für mich heißt er: »Hört zu, dies ist eine dunkle Welt. Wenn ihr leuchtet, erhellt ihr sie ein wenig. Ihr könnt diese Welt ein wenig heller machen. Leuchtet!«

Wir können lächeln. Wir können andere wärmen. Wir können den Tag für andere aufhellen.

Das Motto der Paulistenbewegung: »Es ist besser, ein kleines Licht anzuzünden, als die Finsternis zu verfluchen.« Und welche Kerzen können wir anzünden? Ein Lächeln, ein freundliches Wort, einen Besuch? »Es wird hell, wenn du kommst«, so heißt eine Begrüßung im südlichen Afrika.

David Steindl-Rast

Licht, das mit göttlichem Leben erfüllt

Benedikt spricht in seinem Prolog zur Regel dreimal vom Licht. Zunächst heißt es: »Stehen wir also endlich einmal auf! Die Schrift rüttelt uns wach und ruft: ›Die Stunde ist da, vom Schlaf aufzustehen.‹ (Röm 13,11) Öffnen wir unsere Augen dem göttlichen Licht (deificum lumen).« (RB, Prol. 8f) Die Adventszeit und die Weihnachtszeit mahnen uns, aufzustehen und wach in den Tag hineinzugehen. Wir sollen unsere Augen für das Licht öffnen, das uns vergöttlicht. Es ist ein eigenartiger Ausdruck: »deificum lumen«. Es ist nicht nur das Licht, das von Gott kommt, sondern das Licht, das uns mit göttlichem Leben erfüllt, das uns zu Gott macht. Die Kirchenväter haben oft von diesem Licht gesprochen, in dem Gott selbst in uns hineinleuchtet. Origenes († 253) schreibt: »Es lehrt aber Gott, indem er in die Seele des von ihm Lernenden hineinleuchtet und den Geist mit seinem eigenen Wort erhellt.« Für Basilius den Großen ist das Licht die Liebe Gottes. Sie ist für ihn ein unbeschreibliches Licht. Wenn dieses Licht in die Menschen eindringt, treibt es »tief in sie hinein den brennenden Trieb, ihn (Gott) zu lieben«.

Die zweite Stelle im Prolog lautet: »Lauft, solange ihr das Licht des Lebens habt, damit die Schatten des Todes euch nicht überwältigen.« (Vgl. Joh 12,35) (RB, Prol 13) Das Licht Jesu Christi ist für uns Leben. Solange wir im Licht sind, leben wir wirklich. Dunkelheit ist immer auch Tod und Erstarrung. Das Licht, das an Weihnachten für uns aufleuchtet, verlangt aber auch unser Laufen. Wir sollen antworten auf das Licht.

In seiner Regel hat Benedikt eine dritte Stelle vom Licht: »Noch lässt das Licht des Lebens uns Zeit, all das zu erfüllen. Jetzt müssen wir laufen und tun, was uns für die Ewigkeit nützt.« (RB Prol 43f) Benedikt liebt das Bild des Laufens. Der Mönch geht nicht nur einen Weg, er soll ihn laufen. Am Anfang ist das Laufen beschwerlich. Denn es ist ein enger Weg. Doch beim Laufen weitet sich der Weg und das Herz wird weit: »Wer aber im klösterlichen Leben und im Glauben fortschreitet, dem wird das Herz weit, und er läuft in unsagbarem Glück der Liebe den Weg der Gebote Gottes.« (RB Prol 49) Das Ziel unserer Antwort auf das Licht ist also das weite Herz. Gott – so sagen die Kirchenväter – kann nur in einem weiten Herzen wohnen. Aber wenn Gott in unserem Herzen wohnt, dann ist es voller Licht und voller Freude und Liebe. Dann laufen wir gerne den Weg Gottes. Dann wird alles leicht und voll von »dulcedo«, von Süßigkeit. Alles bekommt einen angenehmen Geschmack, den Geschmack der Liebe.

Hilf mir, mein Leben wie einen flammenden Holzscheit in die versammelte Dunkelheit der Welt zu schleudern.

Albert Schweitzer

Alles ist gut

Setze dich still vor eine Kerze und zünde sie behutsam an. Vergewissere dich mit diesem einfachen Ritual, dass das Licht Gottes über deinem Leben aufgeht und dir verheißt, dass dein Leben gelingen wird. Natürlich weißt du, dass vom Anzünden der Kerze nicht das Gelingen deines Lebens abhängt. Aber indem du achtsam das Licht anzündest, drückst du aus, dass dein Leben unter der Verheißung Gottes steht: »Ich vollbringe an dir, was ich dir verheißen habe.« Schau in das Licht hinein und lass dieses Licht in alle Abgründe deiner Seele eindringen, in die verschlossenen Bereiche, in denen viel Verdrängtes und Unterdrücktes verborgen liegt, in die Dunkelheit der Trauer, in deine Angst, in deine Zweifel, in deine Unsicherheit, in deine Leere. Stelle dir vor, dass alles in dir von diesem warmen zärtlichen Licht der Kerze erleuchtet wird. Im Licht dringt Gottes Liebe in dich ein. Sie verurteilt dich nicht. Sie vermittelt dir: Alles in dir darf sein. Aber alles kann auch verwandelt werden durch das Licht und durch die Liebe. Du sollst bei diesem Ritual gar nicht viel denken. Lass das Licht einfach in Dich eindringen. Vielleicht spürst du dann auch, wie es dir warm ums Herz wird, wie Liebe in Dich einströmt und dir vermittelt: Alles ist gut.

7. Tag
Auch meine Nacht wird sich erhellen

Maria – das klare Licht

Wir spüren, wie gut es uns tut, wenn wir einen Menschen treffen, von dem wir sagen können: Der ist klar. Der hat lautere Absichten. Er kennt keine Intrigen oder irgendwelche Nebenabsichten. Er sagt, was er denkt. Auf ihn können wir uns verlassen. Seine Augen sind klar; in ihnen kommen wir mit unserer eigenen Klarheit in Berührung. Maria war so ein Mensch.

Maria ist das Bild des von Jesus Christus erlösten Menschen. In Maria feiern wir, dass in uns etwas Lauteres und Reines, etwas Unversehrtes und Unbeflecktes ist. Wenn wir in uns hineinschauen, dann sehen wir nicht nur das Dunkle. Wir wissen, dass wir nicht perfekt sind und immer wieder Fehler machen. Aber indem wir auf Maria schauen, wenden wir uns bewusst dem klaren und lauteren Kern in uns zu. Diese Sicht schenkt uns inneren Frieden und Dankbarkeit, dass dort, wo Christus in uns wohnt, die Sünde keine Macht über uns hat.

Advent: die Augen öffnen

Im Dezember ist der Gedenktag der heiligen Odilia: Vom Vater nach der Geburt verstoßen, weil sie ein Mädchen und blindgeboren war, brachte sie ihre Mutter in ein Kloster; bei der Taufe wurde sie sehend. Wir sehen die Dinge oft nicht so, wie sie sind. Wir sehen sie durch einen Schleier. Der Glaube zieht den Schleier weg und wir erkennen in allem Gott. In jedem Menschen können wir Gottes Antlitz wie in einem Spiegel sehen. In der Schönheit der Schöpfung erkennen wir Gottes Schönheit. In allem will uns etwas von Gottes Glanz aufstrahlen. In jeder Begegnung berühren wir das Geheimnis dessen, der uns an Weihnachten in seinem Sohn begegnet.

Im Johannesevangelium heilt Jesus einen jungen Mann, der von Geburt an blind war. Er bestreicht seine Augen mit einem Brei aus Speichel und Erde und erinnert ihn daran, dass er ein Mensch der Erde ist und sich aussöhnen muss mit seiner Erdhaftigkeit und Menschlichkeit. Dann befiehlt er ihm, er solle sich im Teich »Schiloach« waschen. »Schiloach« heißt: »der Gesandte«. Das steht für Jesus Christus selbst, den Gott gesandt hat, um den Menschen Licht zu bringen. Der Mann wäscht sich und kann wieder sehen. Die frühe Kirche hat darin ein Bild der Taufe gesehen.

Lichttherapie

Wenn wir in der Adventszeit immer wieder aufgerufen werden, uns dem Licht zu öffnen, dann ist damit nicht nur die Kerze gemeint, die wir anzünden, um die äußere Dunkelheit zu erhellen. Vielmehr geht es bei all den Aufforderungen letztlich darum, in uns selbst das eigene Licht zu schauen. Die frühen Mönche sprechen von dem inneren Licht, das jeder Mensch in sich trägt. Die Lichttherapie der frühen Mönche in ihren dunklen Behausungen bestand darin, dass sie sich dem inneren Licht zuwandten.

Wenn wir in der Meditation in uns hineinschauen, dann stoßen wir nicht nur auf die dunklen Abgründe unserer Seele. Sondern wir werden auf dem Grund unserer Seele ein Licht schauen, das nicht erlöschen kann, weil es von Gott selbst kommt. Ich stelle mir vor, dass dieses Licht in alle dunklen Bereiche meiner Seele eindringt, alles Unbewusste ans Licht bringt und alle trüben Stimmungen erhellt.

Wir tragen in uns ein Licht, das immer scheint und das immer seine heilende Wirkung auf unseren Leib und unsere Seele entfaltet, wenn wir ihm Raum geben.
Christus, das wahre Licht, ist in jedem von uns.

Stern von vier Kerzen

Was ist schon ein Wunder? ein Schafstall, ein Deut
von Gestern, ein winziges Jota von Heut,
ein Körnchen von Morgen, und willst du, dann tu
ein wenig vom Raum und vom Himmel hinzu.

Es will ja zur Erde und nimmt seinen Lauf:
Ein Wunder bewahrt die Adressen sich auf,
und soll es geschehen, dann wird es sogar
im Wüstengebiet eines Menschen gewahr.

Verlässt du die Wohnung, so lösch bitte nicht,
den Stern von vier Kerzen, dann spendet er Licht,
an dem es ihm keine Sekunde gebrach,
der Welt ohne Dinge und leuchtet dir nach.

Joseph Brodsky, 25.12.1993

Heiliger Abend

Das Geschenk der Freude – Gottes Geburt

Auch ist mir kein Weihnachten, wo es auch war, vergangen, ohne dass es hinter meinen geschlossenen Augen für eine Sekunde umberschreiblich hell wurde.

Rainer Maria Rilke

Geburt Christi

Hättest du der Einfalt nicht, wie sollte
Dir geschehn, was jetzt die Nacht erhellt?
Sieh, der Gott, der über Völkern grollte,
macht sich mild und kommt in dir zur Welt.

Hast du dir ihn größer vorgestellt?

Was ist Größe? Quer durch alle Maße,
die er durchstreicht, geht sein grades Los.
Selbst ein Stern hat keine solche Straße,
Siehst du, diese Könige sind groß,

und sie schleppen dir vor deinen Schooß

Schätze, die sie für die größten halten,
und du staunst vielleicht bei dieser Gift –:
aber schau in deines Tuches Falten,
wie er jetzt schon alles übertrifft.

Aller Amber, den man weit verschifft,

jeder Goldschmuck und das Luftgewürze,
das sich trübend in die Sinne streut:
alles dieses war von rascher Kürze,
und am Ende hat man es bereut.

Aber (du wirst sehen): Er erfreut.

Rainer Maria Rilke, geschrieben 1912 auf Schloß Duino

Stille Nacht

In der Stille der Nacht wird Gott geboren. Gott will auch in der Stille unseres Herzens geboren werden. Daher braucht es in dieser Nacht die Stille, damit sie zur heiligen Nacht wird. Gott hat an Weihnachten unsere Nacht geheiligt durch die Geburt seines Sohnes. Heilig ist für die Griechen das, was der Welt entzogen ist, worüber sie keine Macht hat. Im Schweigen entziehen wir uns dem Lärm dieser Welt. Da berühren wir das Heilige in uns. Die stille Nacht von Weihnachten will den inneren Lärm unserer Ängste, die uns oft in unseren Träumen bedrängen, zum Schweigen bringen, damit Gott in uns geboren werde. Dort wo Gott in uns ist, entsteht ein heiliger Raum. Und in diesem heiligen Raum sind wir schon heil und ganz. Da ist unsere Nacht, die sonst voller Angst und Dunkelheit ist, still und heilig geworden. In diesem Sinn ist das Lied von Josef Mohr und Franz Gruber, das um die ganze Welt ging, bleibender Ausdruck unserer tiefen Sehnsucht nach dem wirklichen Glück, nach dem verlorenen Paradies.

Heilige Nacht

Heute können wir durch einen Knopfdruck die Nacht zum hellen Tag werden lassen. Aber dennoch steckt auch in uns noch die Angst vor der Dunkelheit der Nacht. Die Nacht ist heute zum Symbol geworden. Da sagt jemand, um ihn herum sei nur Nacht. Sein Leben sei ihm zusammengebrochen, alles sei sinnlos. Die Nacht steht für die Depression, in die Menschen immer wieder geraten. Auf einmal wird es dunkel in einem wie in einem Tunnel. Alles ist schwarz, leer, sinnlos. Man sieht kein Ende des Tunnels. Man fühlt sich wie gelähmt.

Gerade weil die Nacht etwas so Gefährliches und Bedrohliches ist, haben die Menschen seit jeher versucht, die Nächte in etwas Heiliges zu verwandeln. Schon die Mysterienkulte haben daher ihre Weihen in der Nacht gefeiert. Ostern wird in der Nacht gefeiert, da Christus die Dunkelheit des Grabes überwunden hat. Weihnacht hat ihren Namen von der »Geweihten Nacht«. Schon die Germanen kannten die geweihten, die heiligen Nächte. Für sie waren es die Mittwinternächte. Mitten im Winter, wenn die Nächte am längsten dauern, haben sie die Nacht den Göttern geweiht, haben sie sie heilig gemacht. In den zwölf Rauhnächten haben sie ihre Häuser und Höfe mit Amuletten, Räucherwerk und Beschwörungen zu schützen gesucht. Und sie haben die Götter gebeten, sie sollten die gefährlichen Nächte heilen, so dass sie nicht mehr Unglück bringen, sondern Heil, Glück, Gesundheit, Rettung. Das deutsche Wort »heilig« meint nicht nur heil und ganz, sondern geht vermutlich auf die Vorstellungsinhalte von »Zauber, günstiges Vorzeichen, Glück« zurück. Wenn man die Nächte weihte, wollte man sie verzaubern, dass sie Glück bringen.

Die Christen im germanischen Raum haben daher das Geheimnis der Geburt Christi mit dem bei ihren Vorfahren üblichen Wort der »Weihnacht« am besten auszudrücken vermocht. Wenn Christus mitten in der Nacht geboren wird, dann wird unsere Nacht wirklich verzaubert, dann wird sie zu einer glückbringenden Nacht, zu einer »Weihe-Nacht«. Weil die Kirche ihre Weihnachtsbotschaft bewusst in die Angst der Germanen vor den Rauhnächten hineingesprochen hat, hat sie die germanische Seele tief berührt. Daher ist es verständlich, wenn im germanischen Bereich Weihnachten sich tiefer in die Herzen eingegraben hat als Ostern, das doch das höchste christliche Fest ist. Offensichtlich wurde mit dem Bild der »Weihe-Nacht« eine befreiende und heilende Antwort auf die Angst der Germanen vor ihren dämonischen Nächten gegeben. Christus hat ihre Nacht verwandelt, da er als Licht die Nacht für immer erleuchtet.

Halte das Licht von Weihnachten bewusst in deine Nacht, in die Nacht deiner Depression, in die Nacht deiner Sinnlosigkeit, in die schlaflosen Nächte, da du dich nach dem Morgen sehnst. Und stelle dir vor, dass auch Deine Nacht zur Weihe-Nacht wird, zur geweihten Nacht, zur heiligen Nacht.

Gottesgeburt im Herzen

Für Meister Eckehart vollzieht sich die Gottesgeburt so: »Im innersten Wesen der Seele, im Fünklein der Vernunft, geschieht die Gottesgeburt. In dem Reinsten, Edelsten und Zartesten, was die Seele zu bieten vermag, da muss es sein: in jenem tiefen Schweigen, dahin nie gelangte eine Kreatur noch irgendein Bild.«

In dir ist ein Raum des reinen Schweigens, der unberührt ist vom Lärm der Welt, unberührt von den vielen Gedanken und Emotionen, die uns ständig überwältigen. In diesem Raum des Schweigens will Gott in dir geboren werden. Wenn Gott in dir geboren wird, dann kommst du in Berührung mit deinem wahren Selbst, mit dem unberührten und unverfälschten Bild Gottes in dir. Dann wird dein Leben wahrhaft neu und heil und hell. Dann ist in dir selbst die Quelle des Lebens, aus der Du immer wieder von Neuem schöpfen kannst.

Werde Mensch

Weihnachten fordert uns heraus, unserer göttlichen Würde entsprechend zu leben. Gott ist aber auch Mensch geworden, damit wir aufhören, wie Gott sein zu wollen. Die Vergöttlichung befreit uns von dem Zwang, uns wie Götter gebärden zu müssen.

Weihnachten zeigt Dir, wie auch Du wahrhaft Mensch werden kannst. Christus ist vom Himmel herabgestiegen. Der erste Schritt besteht darin, dass Du den Mut hast, hinabzusteigen in Deine Menschlichkeit und Erdhaftigkeit. Du bist von der Erde genommen. Die Erdenschwere haftet an Dir. Dein Leib erinnert dich Tag für Tag an Deine Erdhaftigkeit. Damit musst Du dich aussöhnen. Du musst hinabsteigen in das Dunkle und Kalte in Dir, in die eigene Zerrissenheit, in die Triebhaftigkeit und Bedürftigkeit. Nur wer zur Erde hinabsteigt, kann zum Himmel emporsteigen.

Das Fest der Weihnacht

Ein neuen Anfang feiern

Weihnachten heißt: Das Kind, das in der Krippe liegt,
lädt uns ein, mit dem göttlichen Kind in uns
in Berührung zu kommen.

Ein Weihnachtssegen

Der barmherzige und gute Gott, der in dem Kind in der Krippe ein menschliches Antlitz angenommen hat, segne dich. Er erfülle dein Herz mit Freude über die Geburt des Kindes, die auch dir verheißt, dass alles gut wird mit dir und in dir. Er schenke dir die zärtliche Liebe des Kindes, damit du alles, was in dir ist, liebevoll annehmen kannst, und damit du deine Familie und deine Freunde und Freundinnen mit den Augen der Liebe anschauen kannst. Das milde Licht der weihnachtlichen Kerzen erleuchte dir dein Haus und vertreibe daraus alles Harte und Verurteilende. Der Friede, den die Engel an Weihnachten verkündeten, möge sich auch über dein Haus legen und alle, die in diesem Hause sind, miteinander verbinden. Der Engel der Zuversicht begleite dich auf all deinen Wegen und stärke dich bei allem, was du in die Hand nimmst. Sei gesegnet und behütet, sei getrost und voller Hoffnung. Die segnende Hand Gottes sei immer über dir und schütze dich. Sie gebe dir die Gewissheit, dass dein Leben gelingt, dass Gott alles Vergangene, was dich belastet, von dir nimmt und dir einen neuen Anfang schenkt. So segne dich der Vater, der dich schützt, der Sohn, der dich auf deinen Wegen begleitet, und der Heilige Geist, der dich mit Liebe erfüllt. Amen.

Im Lichtglanz des Herrn

Engel zeigen uns, dass wir in dieser Welt nicht alleingelassen sind. Engel erfährt jeder einmal in seinem Leben. Da schützt ihn sein Schutzengel vor einem Unfall. Da wird ein Mensch für ihn zum Engel, der ihm das richtige Wort zum richtigen Zeitpunkt sagt. Ein Engel kam zu den Hirten, die auf ihren Feldern Nachtwache hielten, erzählt uns Lukas in der Weihnachtsgeschichte: »Da trat der Engel des Herrn zu ihnen, und die Herrlichkeit des Herrn umstrahlte sie« (Lukas 2,9). Mit dem Engel bricht Gottes Herrlichkeit in ihre Nacht. Die Hirten auf dem Feld bekommen etwas mit von dem Lichtglanz, der von dem Kind in der Krippe von Betlehem ausgeht. Es gibt kein Weihnachtsbild ohne Engel. Engel singen Loblieder. Sie spielen auf Instrumenten. Sie beten das Kind an. Die Weihnachtsengel, die uns die frohe Botschaft verkünden und zugleich flügelschlagend die Geburt des Kindes besingen, vermitteln uns etwas von der Leichtigkeit des Seins. Sie lassen auch in uns das Kind wieder aufleben, damit wir das Leben leichter nehmen, hoffnungsvoller und mit mehr Freude.

Feiern wir mit Fröhlichkeit

Martin Luther hat das beliebte Weihnachtslied gedichtet »Vom Himmel hoch da komm ich her«. In der siebten Strophe fordert er uns auf: »Des lasst uns alle fröhlich sein und mit den Hirten gehen hinein, zu sehn, was Gott uns hat beschert, mit seinem lieben Sohn verehrt.« Gott hat an uns gehandelt. Das ist für ihn auch das Wesen des Weihnachtsgeheimnisses: Gott selbst hat die Initiative ergriffen. Er hat uns seinen Sohn geschenkt und in ihm seine zärtliche Liebe, seine Zusage, dass er uns bedingungslos annimmt. Daher sollen wir als fröhliche Christen leben. Denn Gott hat uns die wahre Bescherung bereitet: Er hat uns seinen Sohn geschenkt, uns mit ihm Ehre erwiesen und in ihm unseren ursprünglichen Glanz und unsere göttliche Schönheit wiederhergestellt.

»Frohe Weihnachten!«

Weihnachten ist die Zeit der Wünsche. Wir wünschen einander »Frohe Weihnachten« – und meinen damit etwas ganz anderes und viel mehr als die Dinge, die auf dem Gabentisch oder unter dem Weihnachtsbaum liegen. Wir gratulieren einander zu diesem Fest. Gratulieren kommt vom lateinischen Wort »gratia«, das »Gunst, Dank, Anmut, Gnade« bedeutet. Der Engel hat bei der Geburt Jesu »den Menschen seiner Gnade« (Lk 2,14) Frieden verheißen. Wir wünschen einander, dass wir uns an diesem Fest freuen und dass wir etwas von der Gnade erfahren, die uns in der Geburt Jesu widerfahren ist. In dem Kind in der Krippe ist uns die Anmut, die zärtliche Liebe unseres Gottes erschienen. Das ist Grund genug, sich Frohe Weihnachten zu wünschen. Wir wünschen einander, dass durch die durch Jesu Geburt geweihte Nacht unsere vielen dunklen Nächte vertreiben und unsere Nächte mit Freude erfüllen möge. In Italien wünscht man sich »buon natale«, ein gutes Geburtsfest. Darin klingt an, dass wir uns nicht nur wegen der Geburt des guten Gottes Glück wünschen, sondern dass wir auch hoffen, unsere eigene Geburt, unsere persönliche Menschwerdung möge gelingen.

Nach innen geht der Weg

Das Kind in der Krippe möchte dich dazu einladen, dich selbst zu lieben, liebevoll mit dir selbst umzugehen, dir deine Kinderkrankheiten zu vergeben und dich damit zu versöhnen, dass du so bist, wie du bist. Es braucht das Lächeln eines Kindes, um dich selbst annehmen und lieben zu können, den feinen Humor eines Menschen, der in seinem Herzen noch Kind geblieben ist. Wer sich zu ernst nimmt, der muss sich entweder groß machen und als wichtige Persönlichkeit gebärden, oder aber er verachtet sich selbst und macht sich kleiner, als er in Wirklichkeit ist. dich selbst lieben heißt, dich so lieben, wie du geworden bist. Nur so kannst du werden, wie Gott dich ausgedacht und wozu er dich berufen hat.

Lass dich von den weihnachtlichen Engeln einführen in die Leichtigkeit des Seins, in die Freude am Leben. Lass dir von ihnen sagen, dass Gott Wohlgefallen an dir hat. Vielleicht bekommst Du dann auch Flügel und kannst dich mit ihnen über die graue Wirklichkeit emporheben, so dass der Himmel sich über dir öffnet. Unter den vielen Engeln auf den Weihnachtsbildern ist ganz gewiss einer, der für dich bestimmt ist, um dir allein die große Freude zu verkünden, dass für dich der Retter geboren wurde. Er ist der Messias, der dich befreit von den Fesseln, die einengen und am Leben hindern, der Herr, der zu dir steht, der dir beisteht, damit dein Leben gelingt.

Zum Segen für die Welt

Singen ist eine der großen Freuden in dieser Zeit von Weihnachten. Dieses Singen an der Schwelle eines neuen Jahres ist eigentlich das Einüben einer Haltung, die wir beibehalten wollen. Singen weckt uns auf und macht uns erst so recht lebendig. Ist diese wache Lebendigkeit nicht die Haltung, mit der wir allem entgegengehen wollen, was uns bevorsteht?

Wie wichtig diese Haltung ist, nicht nur für uns selbst, sondern für das Wohl der Welt, hat Howard Thurman (1899–1981) so ausgedrückt: »Frag' dich nicht, was die Welt braucht. Frag' dich, was deine eigene Lebendigkeit weckt, und mach' dich dran, es zu tun. Denn was die Welt braucht, sind wache, lebendige Menschen.«

Solche Menschen schauen auf das Leid der Welt, und ihre Augen kennen brennende Tränen, die nach innen fließen. Sie verstehen aber Augustinus, wenn er sagt: »Schau auf das Ganze: Preise das Ganze!« Und darum kennen sie innen auch ein Singen, das weiterklingt, wenn das Singen der Weihnachtsengel verklungen ist.

Auch davon schreibt Howard Thurman:

»Wenn das Singen der Engel verklungen ist,
Wenn der Stern nicht mehr am Himmel steht,
Wenn die Könige und die Weisen heimgekehrt sind,
Wenn die Hirten wieder ihre Herden weiden,
Dann fängt das Weihnachtswerk an:
Verlorene finden,
Gebrochene heilen,

Hungernde speisen,
Gefangene frei machen,
Nationen neu erbauen,
Menschen Frieden bringen
Und im Herzen singen.«

Was mit dem Singen der Engel begonnen hat, wird am Ende zum Singen im Herzen der Menschen. In diesem Singen drückt sich die wache Lebendigkeit aus, mit der allein wir das verwirklichen können, was wir zu Weihnachten feiern – heilen, befreien, Frieden in die Welt bringen –, und all das nicht als grimmige Weltverbesserer, sondern aus Freude, freudig, preisend, trotz aller Hammerschläge des eigenen Schicksals und des Schicksals der Welt.

Vom Menschenherzen, das auf diese Weise singt, sagt Rilke:

»Zwischen den Hämmern besteht
unser Herz, wie die Zunge
zwischen den Zähnen, die doch,
dennoch, die preisende bleibt.«

Zum Segen für unsere arme Welt wünsche ich uns so ein singendes Herz – in dieser festlichen Zeit, aber auch an jedem Tag des kommenden Jahres.

David Steindl-Rast

Anmerkung zu den Quellen

Die Texte dieses Buches stammen, wenn nicht anders angegeben von Anselm Grün und sind den Büchern »Das kleine Buch der Weihnachtsfreude«, »Das große Buch von Weihnachten« bzw. dem »Einfachleben-Brief«, sowie dem »Adventskalender« (alle aus dem Verlag Herder) entnommen.

Werner Bergengruen, Wir sind so sehr verraten (Gewalt der Stille), in: Die heile Welt, Verlag Die Arche, Hamburg

Bertolt Brecht, Vom Glück des Gebens: Lied des Darmwäschers, aus: Bertolt Brecht, Werke Band 15. Gedichte 5, © Bertolt-Brecht-Erben / Suhrkamp Verlag, Frankfurt a. M. 1993

Albrecht Goes, Nehmen. Geben, in: ders., Lichtschatten du. Gedichte aus fünfzig Jahren. S. Fischer Verlag, Frankfurt am Main 1978

Joseph Brodsky, 25. 12. 1993. Veröffentlicht in: Weihnachtsgedichte 1962–1995, Verlag Nesawissimaja Gaseta, Moskau 1996; vgl. NZZ 24. 12. 2002.

Christine Busta, Was ich dir zum Advent schenken möchte, in: dies., Inmitten aller Vergänglichkeit, Otto-Müller-Verlag, Salzburg 1985

Eugen Drewermann, Das Markusevangelium, 1. Teil, Patmosverlag, Düsseldorf 9. Aufl. 2000, S. 135

Hermann Hesse, aus: Wanderung, in: H. Hesse, Sämtl. Werke Bd. 11, Suhrkamp-Verlag, Frankfurt a. M. 2003

Peter Huchel, Weihnachtslied, in: ders., Chausseen, Chausseen, S. Fischer Verlag GmbH, Frankfurt a. M. 1963. © Mathias Bertram, Berlin

Thomas Merton, Zeiten der Stille, hg. von Bernardin Schellenberger, Verlag Herder 1992

Silvia Ostertag, Lebendige Stille. Einstimmung und Einübung, Herder Spektrum, 3. Auflage, Freiburg 2006

Karl Rahner, Stille aushalten, in: ders., Schriften zur Theologie, Bd. 3. Zur Theologie des geistlichen Lebens, Einsiedeln 1956

Friedrich Schorlemmer, Unsere Erde ist zu retten. Haltungen, die wir jetzt brauchen. Verlag Herder 2016

Katharina Schridde, Die inneren Antreiber loslassen, aus: einfach leben, Themenheft: Lob der Muße. Freiburg 2012

Dorothee Sölle, Du sollst dich selbst unterbrechen, aus: dies. / Luise Schottroff, Den Himmel erden. Eine ökofeministische Annäherung an die Bibel, © 1996, Deutscher Taschenbuchverlag München

Aurelia Spendel (Hg.), Stille. Weisheit aus dem Kloster, Verlag Herder, Freiburg i. Br. 2008

David Steindl-Rast, Ihr seid das Licht der Welt, Zum Segen für die Welt, aus: ders., Einfach leben, dankbar leben, Verlag Herder, Freiburg 2014; ders., Weihnachtsbrief 2011.

Silja Walter, Acker in Anatot, aus: dies., Lyrik Gesamtausgabe, Bd. 8, Paulusverlag Freiburg/Schweiz, 2003, S. 555

Notker Wolf, Gönn dir Zeit. Es ist dein Leben. Hg. von Rudolf Walter, Freiburg 2014

Heinz Zahrnt, Glauben, in: Ch. Quarch / G. Hartlieb / B. Schellenberger (Hg.), Spirituell leben, Verlag Herder, Freiburg 2002.